Meeresrauschen

Meeresrauschen

Gedichte und Geschichten

Herausgegeben von
Andrea Wüstner

Philipp Reclam jun. Stuttgart

Mit 14 Abbildungen

Satz und Druck: Reclam, Ditzingen.
Buchbinderische Verarbeitung: Kösel, Krugzell
Printed in Germany 2008
RECLAM ist eine eingetragene Marke
der Philipp Reclam jun. GmbH & Co., Stuttgart
ISBN 978-3-15-010636-5

www.reclam.de

Inhalt

»Ich bin nur ein Tropfen«
Meer und Mensch

»... tief uralt ein Heimweh«
Sehnsucht nach dem Meer

»... dem Dorf zu über die Dünen«
Leben am Strand

»Woge auf Woge«
Wellen, Ebbe und Flut

»... wir aber schwammen vorüber«
Schwimmen, sinnliches Erleben

»Stolzes Schiff mit seidnen Schwingen«
Schiffe

»... durch die Wogen«

Auf See

»... durch die Stille braust das Meer«
Hafen, Hafenstädte

»Irgendeiner wird kommen«
Inseln im Meer

»Zusammen und jeder für sich«
Das Lebensmeer

Anhang

»Ich bin nur ein Tropfen«

Meer und Mensch

JOHANN WOLFGANG GOETHE

Gesang der Geister über den Wassern

Des Menschen Seele
Gleicht dem Wasser:
Vom Himmel kommt es,
Zum Himmel steigt es,
Und wieder nieder
Zur Erde muß es,
Ewig wechselnd.

Strömt von der hohen,
Steilen Felswand
Der reine Strahl,
Dann stäubt er lieblich
In Wolkenwellen
Zum glatten Fels,
Und leicht empfangen,
Wallt er verschleyernd,
Leisrauschend,
Zur Tiefe nieder.

Ragen Klippen
Dem Sturze entgegen,
Schäumt er unmuthig
Stufenweise
Zum Abgrund.

Im flachen Bette
Schleicht er das Wiesenthal hin,
Und in dem glatten See
Weiden ihr Antlitz
Alle Gestirne.

Wind ist der Welle
Lieblicher Buhler;
Wind mischt vom Grund aus
Schäumende Wogen.

Seele des Menschen,
Wie gleichst du dem Wasser!
Schicksal des Menschen,
Wie gleichst du dem Wind!

WILHELM HEINRICH WACKENRODER

Das Meer

1795

Auf hoher Felsenkante
der Menschheit Abgesandte
stehn wir und opfern Gott Gesang.
Ihm tönen Jubellieder
im Namen unsrer Brüder
für alle Pracht der Erde Dank.

In allgewaltger Schale
dem heiligen Schicksale
schäumt unter uns das weite Meer.
In lachend heitrer Stille,
im wilden Sturmgebrülle
ist's immer heilig, groß und hehr.

Und Gottes Bild, der Himmel,
schaut in der Flut Gewimmel
mit unbewegtem Aug hinein:
Er beugt sich freundlich nieder,
mit blauem Glanzgefieder
schließt er die Flut umarmend ein.

CHARLES BAUDELAIRE

Der Mensch und das Meer

Du freier Mensch, der Meere liebt und preist!
Dein Spiegel sind sie, der die Seele zeigt,
Wo ohne Ende Brandung fällt und steigt;
Nicht minder bittrer Abgrund ist dein Geist.

Und du vertiefst dich und umgreifst dein Bild,
Mit Aug und Arm, aus seinem eigenen Brüten
Löst manchmal sich dein Herz bei diesem Wüten
Und dieser Klage, unbezähmbar wild.

Verschwiegen beide, dunkel wie die Nacht:
Mensch, wer kann deine Tiefen je ergründen;
Meer, wer kann deinen innern Reichtum finden,
Da ihr Geheimnisse mit Eifersucht bewacht!

Seit ungezählten Zeiten, immer wieder
Stürzt ihr euch mitleidlos in euren Streit,
Ihr liebt so sehr den Tod und Grausamkeit,
O ewige Kämpfer, o entzweite Brüder!

THEODOR DÄUBLER

Am Meere

Ich stehe in Frieden am silbernen Meer.
Die Stille verdeutlichen Silberdelphine.
Was unterdunkelt das heilvolle Schweigen?
Alles entzückt sich.

Götter, beschreitet ihr wieder die Höh?
Das Mittelmeer bleibt und belacht seine Würde.
Sohn dieser Weihe, du solltest erbeben!
Horche und leide.

John Constable, *Strand in Brighton*, 1821

PETER HILLE

Meer

Der Himmel zerriß sein Gewand,
Da fiel ein Wort,
Und das Wort der Tiefe, das wogende Wort zerrinnt.
Kaum
Daß der rasende Schaum
Hin es geschrieben.
Die eigene Wut
Hat es vertrieben.
Die eigene Wut.

Meer, du bist Ruine,
Irrsinn zersprungener Welt
Saust durch aufgebrochene
Klagendscharfe
Worte.
Ein ungeheuernickendes Haupt
Schnaubt
Darüber.

Meer, du bist ganz Sprache, so ist
In dir alles Ohr.
Was sollen in dir die kleinen Netze,
Großes Meer?
Dir Heringe –
Die Netze draußen
Das ganze Land
Ist ein einzig Netz –
Für Menschen.

ALFRED LICHTENSTEIN

Pathos

Doch, du hast wirklich recht. Ich geb dich ... frei.
... Und morgen in der Früh fahr ich zu einem Meer,
Das blau und ewig ist ...
Und liege da am Strand ...
Und spiele lächelnd, bis ein Tod mich greift,
Mit Sand und Sonne und mit einer weißen
Schlanken Hündin.

GERRIT ENGELKE

Ich bin nur ein Tropfen

Ich kam aus den Meeren, ich kam aus der Sonne,
Ich kam aus dem Wind,
Die alle mir Urväter und Mütter sind;
Aus fallenden Zeiten, aus ewiger Nacht ein lallendes
Werde,
Ein schillernder Tropfen, ein hilfloses Kind,
Geworfen auf winzigen Fleck der Erde.
Ein Häuflein Jahre des Lebens,
Gefäß des Kummers und freudig flutenden Bebens,
Ein kreisendes Stündlein vor ewiger Zeit.
O halte, Weltanfang und -ende mich immer in Demut
bereit,
Ich kam aus den Meeren, aus Sonne und Wind,
Und bin nur ein Kind.

Ist es nicht immer genug:
Daß dich ein herbstlich verblutender Baum,
Hintaumelnder Vogelflug,
Entzündeter Abendwolken Schaum,
Ein schluchzend einfältiglich Lied,
Das über engende Höfe flieht,
In gottvolle Armut und Nacktheit entrückt,
Unendlich beglückt!

HENRY PARLAND

Tatsächlich
das Meer ist wie eine Frau
trotz Öllachen treibenden Kanistern.
– – –
Es gefällt ihm
mit der Sonne zu flirten
und sich für den Mondschein
nackt auszuziehn.

KONRAD WEISS

Ich bin das Meer, damit du nicht
zur Erde werdest, mich zu heben,
der nimmer über dir kann leben,
der unter Wassern sich verflicht,

der mit so lahmen Armen ficht,
daß ihn die Erde und ihr Beben
nur dunkel rührt, er stockt ergeben
geblendet von dem trüben Licht.

Und doch wenn es dann Spiegel wird,
im Meerbild fischgleich stößt die Schwalbe,
die aus den Lüften Speise raubt,

in ihm ist nichts mehr, was verirrt,
jeder Gedanke, jede halbe
Bewegung schließt sich um dein Haupt.

ELSE LASKER-SCHÜLER

Gedenktag

Das Meer steigt rauschend übers Land,
Inbrünstig fallen Wasser aus den Höhen.
Still brennt die Kerze noch in meiner Hand.

Ich möchte meine liebe Mutter wiedersehen …
Begraben hab' ich meinen Leib im kühlen Sand,
Doch meine Seele will von dieser Welt nicht gehen.

Und hat sich von mir abgewandt.
Ich wollte immer ihr ein Kleid aus Muscheln nähen;
In meinen rauhen Körper wurde sie verbannt.

Doch meine liebe Mutter gab sie mir zum Pfand.
Ich suche meine Seele überall auf Zehen;
Die nistete an meiner roten Felsenwand,
Und noch in meinem Auge irrt ihr Spähen.

SALVATORE QUASIMODO

Schiffbrüchig

Schiffbrüchig werd' ich geboren
bei deinem Licht,
Abend klarer Gewässer.

Von heiterem Laub
glüht die gesänftigte Luft.

Entwurzelt den Lebenden,
vorläufiges Herz,
bin ich vergebliche Grenze.

Deine furchtbare Gabe
der Worte, o Herr,
verbüße ich unaufhörlich.

Erweck mich von den Toten:
ein jeder besitzt sein Land
und seine Frau.

Du hast in mich geschaut,
in die Dunkelheit der Eingeweide:

niemand trägt meine Verzweiflung
in seinem Herzen.

Ich bin ein Mensch allein,
bin eine einzige Hölle.

FERNANDO PESSOA

Das Meer liegt still

Das Meer liegt still; heimlich seufzen die Winde
  Im Banne des Äol;
Nur mit seines Dreizacks Spitzen kräuselt
  Neptun die weiten Wasser;
Weiß ist der Strand, ein kleines tausendfaches
  Glitzern in der lichten Sonne.
Vergebens geben wir uns groß.
  Nichts auf dieser fremden Welt
Huldigt unserer scheinbaren Größe
  Oder dient uns nach Gebühr.

Wenn hier drei Wellen eines sanften Meeres
Meine tiefen Spuren tilgen,
Was wird dann jenes Meer mir tun, das am schwarzen Strand
Saturns Echo ist?

MIRIAM VAN HEE

Am Meer

ich schob die blumenkästen beiseite
doch das machte keinen unterschied
ich konnte das meer nicht besser sehen
es versteckte sich in der nacht
oder waren wir es die ihm nicht
vertrauten denn was wußten wir
von seinen absichten

so ließ ich dich allein mit dem meer
aber nicht lang wenn es auch so schien
weil der deich leerer, die getränke
billiger wurden und die saison
zu ende ging

das ist jetzt lange her
ich weiß jetzt das meer ist
geblieben was es immer war: fremd
es hat dich von nichts zurückgehalten
darum hätte vielleicht ich
es tun sollen

HEINRICH HEINE

Das Meer ist meine Seele

Ich gehe hier oft am Strande spazieren und gedenke solcher seemännischen Wundersagen. Die anziehendste derselben ist wohl die Geschichte vom Fliegenden Holländer, den man im Sturm mit aufgespannten Segeln vorbeifahren sieht, und der zuweilen ein Boot aussetzt, um den begegnenden Schiffern allerlei Briefe mitzugeben, die man nachher nicht zu besorgen weiß, da sie an längst verstorbene Personen adressiert sind. Manchmal gedenke ich auch des alten, lieben Märchens von dem Fischerknaben, der am Strande den nächtlichen Reigen der Meernixen belauscht hatte, und nachher mit seiner Geige die ganze Welt durchzog, und alle Menschen zauberhaft entzückte, wenn er ihnen die Melodie des Nixenwalzers vorspielte. Diese Sage erzählte mir einst ein lieber Freund, als wir, im Konzerte zu Berlin, solch einen wundermächtigen Knaben, den Felix Mendelssohn-Bartholdy, spielen hörten.

Einen eigentümlichen Reiz gewährt das Kreuzen um die Insel. Das Wetter muß aber schön sein, die Wolken müssen sich ungewöhnlich gestalten, und man muß rücklings auf dem Verdecke liegen, und in den Himmel sehen, und allenfalls auch ein Stückchen Himmel im Herzen haben. Die Wellen murmeln alsdann allerlei wunderliches Zeug, allerlei Worte, woran liebe Erinnerungen flattern, allerlei Namen, die, wie süße Ahnung, in der Seele widerklingen – »Evelina!« Dann kommen auch Schiffe vorbeigefahren, und man grüßt, als ob man sich alle Tage wiedersehen könnte. Nur des Nachts hat das Begegnen fremder Schiffe auf dem Meere etwas Unheimliches; man will sich dann einbilden, die besten Freunde, die wir seit Jahren nicht gesehen, führen schweigend vorbei, und man verlöre sie auf immer.

Ich liebe das Meer, wie meine Seele.

Oft wird mir sogar zumute, als sei das Meer eigentlich meine Seele selbst; und wie es im Meere verborgene Wasserpflanzen gibt, die nur im Augenblick des Aufblühens an dessen Oberfläche heraufschwimmen, und im Augenblick des Verblühens wieder hinabtauchen: so kommen zuweilen auch wunderbare Blumenbilder heraufgeschwommen aus der Tiefe meiner Seele, und duften und leuchten und verschwinden wieder – »Evelina!«

Man sagt, unfern dieser Insel, wo jetzt nichts als Wasser ist, hätten einst die schönsten Dörfer und Städte gestanden, das Meer habe sie plötzlich alle überschwemmt, und bei klarem Wetter sähen die Schiffer noch die leuchtenden Spitzen der versunkenen Kirchtürme, und mancher habe dort, in der Sonntagsfrühe, sogar ein frommes Glockengeläute gehört. Die Geschichte ist wahr; denn das Meer ist meine Seele –

YASUNARI KAWABATA

Das Meer

An einem Julitag wanderte ein Trupp von Koreanern die weiße Gebirgsstraße hinauf. Als das Meer sichtbar wurde, waren alle bereits ziemlich erschöpft.

Sie hatten die über die Berge führende Straße gebaut. Die etwa siebzig Erdarbeiter hatten drei Jahre lang geschuftet, dann war die Straße bis hinauf zur Paßhöhe fertig. Jenseits des Passes war der Unternehmer ein anderer, er hatte sie nicht beschäftigen wollen.

Die Frauen waren schon im Morgengrauen aus dem Bergdorf aufgebrochen. Ein Mädchen von sechzehn oder siebzehn Jahren wurde, als das Meer zu sehen war, im Gesicht weiß wie Papier und taumelte.

»Mir tut der Bauch so weh. Ich kann nicht weiter.«

»Ja, was machen wir da? Ruhst dich eben eine Weile aus und schließt dich dann den Männern an.«

»Kommen die denn auch alle hier vorbei?«

»Aber natürlich kommen sie. Sie kommen dahergeströmt wie ein Fluß.«

Lachend schulterten die Frauen ihre Reisekörbe und Furoshiki-Bündel und gingen weiter, abwärts, auf das Meer zu.

Das Mädchen setzte sein Gepäck ab und hockte sich ins Gras.

Eine Gruppe von etwa zehn Arbeitern kam vorbei.

»Na, was ist mit dir?«

»Kommen nach euch auch noch welche?«

»Aber ganz gewiß.«

»Mir tut nämlich der Bauch weh. Da warte ich auf die anderen.«

Beim Blick auf das sommerliche Meer schwindelte dem Mädchen der Kopf. Tief drang ihm das Geschrill der Abura-Zikaden in den Leib. Jedesmal, wenn wieder einige der Arbeiter vorbeikamen, vier oder sieben oder zwei, so wie sie zu unterschiedlicher Stunde aus dem Bergdorf aufgebrochen waren, redeten sie das Mädchen an. Und immer antwortete das Mädchen auf die gleiche Weise.

»Na, was ist mit dir?«

»Ob wohl nach euch noch jemand kommt?«

»Aber ganz gewiß.«

Schließlich trat, einen Koffer aus Weidengeflecht auf dem Rücken, ein einzelner junger Erdarbeiter aus dem Zedernwald.

»He, warum heulst du?«

»Kommt vielleicht nach dir noch irgendwer?«

»Ausgeschlossen! Ich bin absichtlich bis zuletzt geblieben, weil ich mich von einer Frau so schwer hab trennen können.«

»Es kommt also keiner mehr?«

»Woher auch?«

»Wirklich keiner mehr?«

»Jetzt heul doch nicht! Was ist bloß los mit dir?«

Der Arbeiter setzte sich neben das Mädchen.

»Mir tut der Bauch weh, ich kann nicht weiter.«

»Wenn es so ist. Da werde ich dich in den Arm nehmen. Laß uns Mann und Frau sein!«

»O nein ... Mein Vater hat gesagt: Heirate nicht in dem Land, in dem ich umgebracht wurde. Werde nie die Frau eines Burschen, der auch hierhergekommen ist. Geh zurück nach Korea und heirate dort!«

»Hm. Hat es also mit deinem Vater ein solches Ende genommen? Zeig mir mal deine Kleider!«

»Das ist alles«, sagte das Mädchen mit gesenktem Kopf und sah auf seinen mit Herbstgräsern gemusterten Yukata.

»Ich hab ihn geschenkt bekommen. Lieber hätte ich Fahrgeld für den Zug und ein koreanisches Gewand.«

»Und was hast du in dem Gepäck.«

»Töpfe und Reisschalen.«

»Laß uns Mann und Frau sein!«

»Kommt wirklich keiner mehr?«

»Ich bin der letzte. Und wenn du drei Jahre wartest, auf dieser Straße kommt kein Koreaner mehr daher.«

»Wirklich keiner?«

»Ich bitt dich, laß uns Mann und Frau sein! Wo du doch nicht weiter kannst. Ich geh jedenfalls.«

»Und du bist sicher, daß keiner mehr kommt?«

»So ist es. Deshalb tu, was ich dir sage.«

»Ja ja.«

»Na, dann wollen wir mal!«

Der Arbeiter legte seinen Arm um das Mädchen und sie erhoben sich. Beide luden sich ihr großes Gepäck auf den Rücken.

»Es kommt also gewiß keiner mehr?«

»Hör endlich auf damit!«

»Aber du mußt mich so führen, daß ich nie das Meer zu sehen bekomme.«

Hippolyte Boulenger, *Strand (Das Meer bei Heyst)*, 1868

»... tief uralt ein Heimweh«

Sehnsucht nach dem Meer

ANNETTE VON DROSTE-HÜLSHOFF

Am Turme

Ich steh auf hohem Balkone am Turm,
Umstrichen vom schreienden Stare,
Und lass gleich einer Mänade den Sturm
Mir wühlen im flatternden Haare;
O wilder Geselle, o toller Fant,
Ich möchte dich kräftig umschlingen,
Und, Sehne an Sehne, zwei Schritte vom Rand
Auf Tod und Leben dann ringen!

Und drunten seh ich am Strand, so frisch
Wie spielende Doggen, die Wellen
Sich tummeln rings mit Geklaff und Gezisch,
Und glänzende Flocken schnellen.
O, springen möcht' ich hinein alsbald,
Recht in die tobende Meute,
Und jagen durch den korallenen Wald
Das Walross, die lustige Beute!

Und drüben seh ich ein Wimpel wehn
So keck wie eine Standarte,
Seh auf und nieder den Kiel sich drehn
Von meiner luftigen Warte;

O, sitzen möcht' ich im kämpfenden Schiff,
Das Steuerruder ergreifen,
Und zischend über das brandende Riff
Wie eine Seemöwe streifen.

Wär' ich ein Jäger auf freier Flur,
Ein Stück nur von einem Soldaten,
Wär' ich ein Mann doch mindestens nur,
So würde der Himmel mir raten;
Nun muss ich sitzen so fein und klar,
Gleich einem artigen Kinde,
Und darf nur heimlich lösen mein Haar,
Und lassen es flattern im Winde!

GOTTFRIED KELLER

Lied

Ich singe oft vom wilden Meer
Und hab es nie geschaut,
Und hab ihm doch so lange her
Mein kleines Lied vertraut.
Das macht, ich kenn es besser
Als mancher Seemann wohl,
Wie man in seine Tiefe
Mit Andacht schauen soll!

Manch Dichterherz auf Erden schlägt,
Von goldnem Lorbeer schwer,

Das wogend mir das Herz bewegt
Noch tiefer als das Meer!
Und doch so fern wie dieses,
So unerreichbar weit,
Und ich so fest gekettet
An meine Einsamkeit!

ERNST STADLER

Meer

Ich mußte gleich zum Strand. In meinem Blute scholl
Schon Meer. O schon den ganzen Tag. Und jetzt die Fahrt im gelbumwitterten Vorfrühlingsabend. Rastlos schwoll
Es auf und reckte sich in einer jähen frevelhaften Süße, wie im Spiel
Sich Geigen nach den süßen Himmelswiesen recken. Dunkel lag der Kai. Nachtwinde wehten. Regen fiel ..
Die Böschung abwärts .. durch den Sand .. zu dir, du Flut und Wollust schwemmende Musik,
Du treibend Glück, du Orgellied, bräutlicher Chor! Zu meinen Füßen
Knirschen die Muscheln .. weicher Sand .. wie Seidenmatten weich .. ich will dich grüßen,
Du lang Entbehrtes! O der Salzgeschmack, wenn ich die Hände, die der Schaum bespritzte, an die Lippen hebe ..

Viel Dunkles fällt. Es springen Riegel. Bilder steigen.
Um mich wird es rein. Ich schwebe
Durch Felder tiefer Bläue. Viele Tag' und Nächte bauen
Sich vor mich hin wie Träume. Fern Verschollnes. Fahrten übers Meer, durch Sternennächte. Durch die Nebel. Morgengrauen
Bei Dover .. blaues Geisterlicht um Burg und Shakespeare's-Cliff, die sich der Nacht entraffen,
Und blaß gekerbte Kreidefelsen, die wie Kiefer eines toten Ungeheuers klaffen.
Sternhelle Nacht weit draußen auf der Landungsbrükke, wo die Wellen
Wie vom Herzfeuer ihrer Sehnsucht angezündet, Funken schleudernd, an den braunen Bohlen sich zerschellen.
Und blauer Sommer: Sand und Kinder. Bunte Wimpel. Sonne überm Meer, das blüht und grünt wie eine Frühlingsau.
Und Wanderungen, fern an Englands Strand, mit der geliebten Frau.
Und Mitternacht im Hafen von Southampton: schwer verhängte Nacht, darin wie Blut das Feuer der Kamine loht,
Und auf dem Schiff der Vater .. langsam bricht es in das Schwarz, nach Frankreich zu .. und wenig Monde später war er tot ..
Und immer diese endlos hingestreckten Horizonte. Immer dies Getön: frohlockender und kämpfender Choral –
Du jedem Traum verschwistert! Du in jeder Lust und jeder Qual!

Du Tröstendes! Du Sehnsucht Zeugendes! In dir verklärt
Sich jeder Wunsch, der in die Himmel meiner Schicksalsfernen fährt,
Und jedes Herzensheimweh nach der Frau, die jetzt im hingewühlten Bette liegt
Und leidet, und zu der mein Blut wie eine Möwe, heftige Flügel schlagend, fliegt.
Du Hingesenktes, Schlummertiefes! Horch, dein Atem sänftigt meines Herzens Schlag!
Du Sturm, du Schrei, aufreißend Hornsignal zum Kampf, du trägst auf weißen Rossen mich zu Tat und Tag!
Du Rastendes! Du feierlich Bewegtes, Nacktes, Ewiges! Du hältst die Hut
Über mein Leben, das im Schachte deines Mutterschoßes eingebettet ruht.

PETER GAN

Auf eine weiße Muschel

I

So klar, so kühl bist du, als schliefe
Pelasgerfrühe ihren Traum
in deiner Wiegenhut; als schliefe
der Gott in dir und wäre kaum

noch schlafend, wäre schon erwachten
Empfindens Marmor und Gestalt.
Orakelwort tönt im erwachten
meerwinddurchwehten Lorbeerwald.

So kühl der Tempel, klar die Säulen,
so wahr ihr nüchternes Gesetz.
Gestürzt, geborsten sind die Säulen.
Uralt ein Fischer flickt sein Netz.

II

Ich hob dich auf aus tausend andern,
zum Strand gespült, verweht im Sand:
ein Wunder unter tausend andern,
nun eine Welt in meiner Hand.

Ich hebe dich dem Licht entgegen
und taste deiner Anmut nach.
Du schimmerst schweigend mir entgegen,
rufst tief uralt ein Heimweh wach:

zu sein wie du, weiß und vollendet,
ein Glück, das unbewußt gelingt
und, wie sich's rein in sich vollendet,
Versöhnung, Frieden, Freude bringt.

HELMUT KÄUTNER

La Paloma

Ein Wind weht von Süd und zieht mich hinaus auf See.
Mein Kind, sei nicht traurig, tut auch der Abschied weh.
Mein Herz geht an Bord und fort muß die Reise gehn.
Dein Schmerz wird vergehn und schön wird das Wiedersehn.
Mich trägt die Sehnsucht fort in die blaue Ferne.
Unter mir Meer und über mir Nacht und Sterne.
Vor mir die Welt, so treibt mich der Wind des Lebens,
wein nicht, mein Kind, die Tränen, sie sind vergebens.
La Paloma ohé, einmal muß es vorbei sein,
nur Erinnrung an Stunden der Liebe
bleibt noch am Land zurück.
Meine Braut ist die See und nur ihr kann ich treu sein.
Wenn der Sturmwind sein Lied singt,
dann winkt mir der Großen Freiheit Glück.

Wie blau ist das Meer, wie groß kann der Himmel sein.
Ich schau hoch vom Mastkorb weit in die Welt hinein.
Nach vorn geht mein Blick, zurück darf kein Seemann schaun.
Kap Hoorn liegt auf Lee, jetzt heißt es, auf Gott vertraun.
Seemann, gib acht! Denn strahlt auch als Gruß des Friedens
hell in der Nacht das leuchtende Kreuz des Südens,

schroff ist das Riff und schnell geht ein Schiff
zugrunde,
früh oder spät schlägt jedem von uns die Stunde.
La Paloma ohé ..., einmal wird es vorbei sein.
Einmal holt uns die See und das Meer
gibt keinen von uns zurück.
Seemanns Braut ist die See und nur ihr kann ich treu
sein.
Wenn der Sturmwind sein Lied singt,
dann winkt mir der Großen Freiheit Glück.

La Paloma ohé, La Paloma ohé.

Camille Corot, *Dieppe, das Ende der Mole und das Meer*, 1822

CYRUS ATABAY

Im Angesicht des Meeres

Kein Gleichnis wollte er und kein Geheimnis,
nur auf die weite blaue Fläche sehen,
ausruhen vom Widerstreit
des Flugs und der Vergeblichkeit.

Das Blau eines Augenpaares
mochte bedeutender sein als dieses,
aber er wollte sich nicht
mit einer täuschenden Tiefe einlassen,

nur Tage, nur Stunden, nur Augenblicke
im Angesicht des Meeres leben,
er wußte, daß auch dies enden würde.

Und doch drängte es ihn,
dieser weiten bewegten Fläche Worte zuzurufen,
immer wieder die gleichen:
blau bist du ohne Vergleich,
am Ufer heller, dann dunkler,
dunklerer Tönung dann.

Ich sah dich an einem Sonnenmorgen
nach durchfahrener Nacht vom Zug,
der an deinem Ufer vorüberfuhr,
und immer wieder, wenn ich dich sehe,
meine ich, es wäre nach durchfahrener Nacht.

EDUARD VON KEYSERLING

... und *das* ist eben das Meer

Doralice und Hans wohnten jetzt fast den ganzen Tag in einer Einsenkung der Düne. Hans spannte dort seinen Malschirm aus, breitete eine Decke über den Sand, auf der Doralice liegen konnte, er selbst saß vor seiner Staffelei und malte das Meer. »Das ist das einzige«, behauptete Grill, »wir müssen es machen wie die Hühner, die sich Erdlöcher machen und sich kühlen.«

Doralice schloß die Augen und murmelte, fast zu faul, um die Lippen zu bewegen: »Ganz still liegen, sich nicht bewegen, denn, spürst du das auch? In uns da zittert und flackert es immer so wie der Sonnenschein auf dem Wasser. Das macht müde.«

»Gut, gut, lieg nur still«, sagte Hans väterlich und beruhigend. Sie schwiegen eine Weile, bis Hans seinen Pinsel fortwarf und sich auch auf den Sand ausstreckte.

»Es will und will nicht werden«, sagte er ärgerlich. Doralice öffnete die Augen und schaute das Bild auf der Staffelei an und meinte: »Warum, es ist ja ganz gut, das ist durchsichtig, das ist grün.«

Hans fuhr auf, erregt und eifrig: »Durchsichtig und grün. Ein Stück Glas ist auch durchsichtig, ein Stück Stoff kann grün sein. Nein, das ist noch kein Meer. Das Meer muß gezeichnet werden, siehst du, nur die Linie hat Bewegung und Leben. Ich kann dein blaues Kleid malen, nichts leichteres als das, aber es so zu malen, daß jeder sieht, du steckst da drin unter dem Blauen, das ist die Kunst. Im Meer steckt eben auch unter dem Durchsichtigen und Grünen etwas, das lebt und sich bewegt, und *das* ist eben das Meer.«

»Ah, so ist es«, sagte Doralice wieder mit geschlossenen Augen, »mach' das doch, Lieber.«

ELSE LASKER-SCHÜLER

Meer

Auch das Meer war einmal vom Körper umfangen gewesen, bevor es losbrauste. Das Meer ist die weite strömende, der Welt »gebliebene« Seele. Das Meer ist von dieser Welt. Aber der Geist Gottes schwebt über seine Wasser. Wir tauchen in das heilige Element und erlösen uns von aller Erdenschwere. Schiffe gleiten über den Ozean von Erdteil zu Erdteil. Man möchte immer das seligbrausende Gewässer anbetend umarmen. Eine Erlösung sondergleichen, sich der Welle hinzugeben; Hochzeit feiert das Geschöpf mit dem Meer. Bewundernd blicke ich über die feierlich perlengeschmückte, rauschende Tafel. – Nun ist es Nacht, das ewige Wasser aber leuchtet silbern wie mein befreites Herz. Weit breite ich die Flügel aus und weiß nichts mehr als: Schweben – Vogelsein! Unter mir schlägt eine Welle, eine grollende Nachtigall erschütternd ein Lied. Heerscharen weißgegürteter Wasser stürmen an den Strand; uminseln mich. Ich habe mich gefunden!! Wer ist bei mir? Denn ich bin ein Ruheort. – Ich frage nicht, wer Lust und Schmerz aus meinem Herzen schöpfte und aller Eigenschaften Ranken pflückte. So trage ich mich leicht dahin; zurück fall ich entlastet neugeboren in die Welt. Hier bleibe ich! Am Strand der rauschenden Genügsamkeit. – Wie meine Mutter starb, zerbrach der Mond. Noch einmal trennte Er, der Herr, das Wasser von dem Land. Es blitzt! Feurige Worte schreibt der glühende Zickzack auf die finstere Seide des himmlischen Bilderbuchs, ein Menetekel an die Westwand der Welt. Gott rollt durch die Welt!! Sein roter Initiale hat mich getroffen, erleuchtete mich und erlosch im Meer. – Weißt du noch um Mitternacht am liebenden Meeresstrande? Ich weigerte mich, aufs strömende Geschmeide spät mit dir zu segeln. Der Sterndeuter hatte vor der schwarzbestrahlten Stunde zwischen Nacht und Nacht des Uranos mich streng gewarnt. Wir aber segelten vergessen durch die ewige Liebesflut. »Tuuh!« Das ist das Nebelhorn ... »Tuuh!!« Wie der Feldvogel über dem Korn schreit, immer wieder der bange, gelbe Ton über dem rieselnden finsteren Weizen des Meeres. Wir waren taumelnd mit dem großen Gewässer ins Netz des Nebels geraten. Als es hell wurde, eiltest du weiter in die Welt; ich aber blieb auf dem Steg und labte mich an der frischen, veredelten Blume des grünschäumenden Ozeans. Nie duftet sein Wasser so herbe wie in aller Gottesfrühe. Muschel und Salz und Alge und Seestern mischen sich, und der Fisch gibt vom Perlmutter seiner Schuppe zum Most.

Neugierige sammeln sich am Strand und messen
Sich am Meer und mir der Dichterin vermessen.
Doch ihre Redensart löscht aus der Sand.
Ich hab die Welt vor Welt vergessen,
Getränkt von edlen Meeresnässen.
Als läge ich in Gottes weiter Hand.

»... dem Dorf zu über die Dünen«

Leben am Strand

ALFRED LORD TENNYSON

Der Seeadler

Die Krall umgriff den Felsenrand.
Der Sonne nah, im fernen Land,
Umstrahlt vom Azurblau er stand.

Die See rann hin, als sähe sie's.
Er äugte, was der Strand ihm wies.
Hinab als Donnerkeil er stieß.

WALT WHITMAN

Nachts am Strande

Am Strand in der Nacht
Stand ein Kind mit seinem Vater.
Sie warteten auf den Morgen, auf die herbstliche Frühe.

Aus aller Finsternis,
Da die gierig schlingenden Wolken, Begräbniswolken,
  in schwer hingebreiteten Massen

Sich verdüsterten, einander gar überdrängten
niederwärts ins Gewölbe,
Stieg, mitten im klar gebliebenen Gürtel der östlichen
Tiefe
Groß und ruhig Held Jupiter auf,
Und neben ihm, ein wenig höher als er,
Schimmerten zart die Schwestern, genannt die Plejaden.

Das Kind am Strand, das des Vaters Hand hielt, sah,
Wie die Begräbniswolken alles verschlangen, und
würden
Sieger bleiben – sah es und blickte schweigend.
Weine nicht, Kind.
Weine nicht, Liebling.
Mit einem Kuß will ich die Tränen dir forttun.
Die gierig schlingenden Wolken
werden nicht lange sein siegreich,
Nicht lange wird ihnen der Himmel gehören,
und sie verschlingen
Die Sterne nicht wirklich.
Jupiter kommt wieder, Geduld, warte auf eine andre
Nacht,
auch die Plejaden werden dann wieder da sein.
Sie sind unsterblich, sie alle, silberne, goldene,
und werden da sein.
Die großen Sterne und auch sie, die kleinen,
sie scheinen wieder, weil sie ja dauern,
Die freudig unsterblichen Sonnen
und ihre ausdauernden ernsten Monde, sie kommen
wieder.
Aber, geliebtes Kind, grämst du dich nur um Jupiter?
Denkst du allein an das Begräbnis der Sterne?

Etwas gibt es
(Nimm diesen Kuß und vernimm, was ich dir flüstre),
Es ist meine erste Botschaft an dich, ein Wort, ein
Geheimnis:
Etwas gibt's, das ist unvergänglicher noch als die
Sterne
(Über alle Begräbnisse, alle Tage und Nächte hinweg),
Etwas gibt's, das sogar den strahlenden Jupiter
wird überdauern
Und wird überdauern die Sonnen
und ihre behenden Trabanten,
Wie auch die zärtlich schimmernden Schwestern,
genannt die Plejaden.

Jacob van Ruysdael, *Ein Strand*

DETLEV VON LILIENCRON

Am Strande

Der lange Junitag war heiß gewesen.
Ich saß im Garten einer Fischerhütte,
Wo schlicht auf Beeten, zierlich eingerahmt
Von Muscheln, Buchs und glatten Kieselsteinen,
Der Goldlack blüht, und Tulpen, Mohn und Rosen
In bäurisch buntem Durcheinander prunken.
Es war die Nacht schon im Begriff dem Tage
Die Riegel vorzuschieben; stiller ward
Im Umkreis alles; Schwalben jagten sich
In hoher Luft; und aus der Nähe schlug
Ans Ohr das Rollen auf der Kegelbahn.
Im Gutenacht der Sonne blinkerten
Die Scheiben kleiner Häuser auf der Insel,
Die jenseit lag, wie blanke Messingplatten.
Den Strom hinab glitt feierlich und stumm,
Gleich einer Königin, voll hoher Würde,
Ein Riesenschiff, auf dessen Vorderdeck
Die Menschen Kopf an Kopf versammelt stehn.
Sie alle winken ihre letzten Grüße
Den letzten Streifen ihrer Heimat zu.
In manchen Bart mag nun die Mannesträne,
So selten sonst, unaufgehalten tropfen.
In manches Herz, das längst im Sturz und Stoß
Der Lebenswellen hart und starr geworden,
Klingt einmal noch ein altes Kinderlied.
Doch vorwärts, vorwärts ins gelobte Land!
Die Pflicht befiehlt zu leben und zu kämpfen,
Befiehlt dem einen, für sein Weib zu sorgen,

Und für sich selbst dem andern. Jeder so
Hat seiner Ketten schwere Last zu tragen,
Die, allzuschwer, ihn in die Tiefe zieht.
Geboren werden, leiden dann und sterben,
Es zeigt das Leben doch nur scharfe Scherben.
Vielleicht? Vielleicht auch jetzt gelingt es nicht,
Auf fremdem Erdenraum, mit letzter Kraft,
Ein oft geträumtes, großes Glück zu finden.
Das Glück heißt Gold, und Gold heißt ruhig leben:
Vom sichern Sitze des Amphitheaters
In die Arena lächelnd niederschaun,
Wo, dichtgeschart, der Mob zerrissen wird
Vom Tigertier der Armut und der Schulden …

Das Schiff ist längst getaucht in tiefe Dunkel.
Bleischwere Stille gräbt sich in den Strom,
Indessen auf der Kegelbahn im Dorf
Beim Schein der Lampe noch die Gäste zechen.
In gleichen Zwischenräumen bellt ein Hund,
Und eine Wiege knarrt im Nachbarhause.

ARNO HOLZ

Een Boot is noch buten!

»Ahoi! Klaas Nielsen und Peter Jehann!
Kiekt nach, ob wi noch nich to Mus sind!
Ji hewt doch gesehn dem Klabautermann?
Gott Lob, dat wi wedder to Hus sind!«

Die Fischer riefens und stießen ans Land
und zogen die Kiele bis hoch auf den Strand,
denn dumpf an rollten die Fluten;
Han Jochen aber rechnete nach
und schüttelte finster sein Haupt und sprach:
»Een Boot is noch buten!«

Und ernster keuchte die braune Schar
dem Dorf zu über die Dünen,
schon grüßten von fern mit zerwehtem Haar
die Fraun an den Gräbern der Hünen.
Und »Korl!« hieß es und »Leiw Marie!« –
»'t is doch man schön, dat ji wedder hie!«
Dumpf an rollten die Fluten –
»Un Hinrich, min Hinrich? Wo is denn dee?!«
Und Jochen wies in die brüllende See:
»Een Boot is noch buten!«

Am Ufer dräute der Möwenstein,
drauf stand ein verrufnes Gemäuer,
dort schleppten sie Werg und Strandholz hinein
und gossen Öl in das Feuer.
Das leuchtete weit in die Nacht hinaus
und sollte rufen: O komm nach Haus!
Dumpf an rollten die Fluten –
Hier steht dein Weib in Nacht und Wind
und jammert laut auf und küßt dein Kind:
»Een Boot is noch buten!«

Doch die Nacht verrann, und die See ward still,
und die Sonne schien in die Flammen,
da schluchzte die Ärmste: »As Gott will!«
und bewußtlos brach sie zusammen!

Sie trugen sie heim auf schmalem Brett,
dort liegt sie nun fiebernd im Krankenbett,
und draußen plätschern die Fluten;
dort spielt ihr Kind, ihr »lütting Jehann«,
und lallt wie träumend dann und wann:
»Een Boot is noch buten!« –

ALFRED LICHTENSTEIN

Wellenschwer

Wellenschwer
Tönt das Meer
Wie Wind im Bergwald
So wellig und hehr
Und so düster …

Kein Stern.
Nur dunkle Wolken
Und fern
Ein Strahl vom Mond – –

Vom erdenalten
Grübler Mond,
Der hinter allen
Wolken wohnt
Und ein Wind
Summt …

Ich lieg' im Sande
am Strande
am Meer

Und Wellen spülen
Gottweiß woher
Und weichen wieder
Gottweiß wohin – – –
Ich fühle garnicht
Daß ich bin.

Ich liege so ruhig
am Strande
am Meer
Als ob ich schon längst
Gestorben wär
Im windweichen Sande

MAX HERRMANN-NEISSE

Bilder eines holländischen Bades

Der Strand erwacht zu dem Geschrei der Kleinen:
das patscht halbnackt im nassen Element.
Am Ufer fängt die Sonne an zu scheinen,
die jetzt noch keinen Nacken brauner brennt.
Die Eltern sind beim Frühstück am Balkone:
man will so gerne abgehärtet sein,
es protzt der Jubilar und die Matrone,
und morgen hat man hustend Zipperlein.

Im Sand beginnt Reklame zu hantieren
das Fischervolk mit einem Segelwrack,
romantisch knarrt der Kahn in den Scharnieren
und fährt für Geld seekrank das Gästepack.
Allmählich füllt der Strand sich. Ganz honette,
gesetzte Bürger zeigen frank und frei
gewölbte Wänste, schlottrige Skelette,
und Greis und Greisin tollt als Nackedei,
spielt kindlich Ball und wirft sich Gummiringe
ins künstliche Gebiß, rast wie die See.
Der Körperschule Fraun und Jüngelinge
befehligt forsch ein Offizier a. D.
In Pfützen stochert man nach Meeresbeuten.
Was in den Wellen plätschert, springt und schreit.
Zur Laube wird der Strandkorb Liebesleuten,
und andern sichert er die Einsamkeit.
Es treibt der Fotograf sein Volk zu Gruppen,
da tauchen triefend aus dem Wogenschaum,
dem Auge wohlgefällig, pralle Puppen.
Mitunter zieht ein Schiff ganz fern im Raum.
Geduldig stehen stundenlang im Sande
die Eselchen, bis sie ein Kind besteigt,
das dann der ganzen andern Rasselbande
sich voller Stolz als flotter Reiter zeigt.
Verärgert stelzt vorbei an Kind und Pärchen
ein klägliches Kamel, das bös miaut,
hierhergehext aus einem Orientmärchen,
bei einem Wanderzirkus abgebaut,
und hat dem ehrsam holländischen Kreise,
den weißbehandschuht ein Gendarm bewacht,
auf rührend karge, zweifelhafte Weise
ein wenig Abenteurerduft gebracht.

JOACHIM RINGELNATZ

Abend am Strand

Abendglühgold zittert auf träumender See.
Eine Möwe zieht ihre einsamen Kreise.
Auf dem Wasser treibend, ein Boot. Und leise, leise
Bringt mir der Wind eine müde Weise. – –

Närrisches Herz, was stimmt dich so weh?

PAUL CELAN

Bretonischer Strand

Versammelt ist, was wir sahen,
zum Abschied von dir und von mir:
das Meer, das uns Nächte an Land warf,
der Sand, der sie mit uns durchflogen,
das rostrote Heidekraut droben,
darin die Welt uns geschah.

JOHANNES BOBROWSKI

Die Frauen der Nehrungsfischer

Wo das Haff
um den Strand lag
dunkel, unter der Nacht noch,
standen sie auf im klirrenden
Hafer. Draußen die Boote
sahen sie, weit.

Wenn sie kamen – die Alten
wachten am Ruder, die Söhne,
wirr vor Schlaf, in den Armen
des Netzzugs Last –,
ging durch den Himmel ein heller
Streif und hing um die Dächer.
Droben
wenige Rufe
trieben im Wind.

Und gering war der Fang.
Vor Zeiten, sagt man, umglänzte
hundertschwärmig der Hering
draußen die Meerbucht, silbern
schwand er. Die Närrin
schreit es am Waldrand hin, –
altes Lied, Gewitter
reißts aus der Bläue.

EDUARD VON KEYSERLING

... und starrten auf das Meer hinaus

Es folgten sich Tage mit unbewölktem Himmel und unerbittlichem Sonnenschein. Überall lag dieses heiße grelle Licht, es schwamm und zitterte auf dem Wasser, es sprühte auf dem Sande, erweckte Funken auf den Kieseln und auf den harten Stengeln des Strandhafers und der Seggen.

»Man kann sich vor Licht nicht mehr retten«, sagte Hans Grill. Aber auch die Abende und Nächte brachten weder Kühlung noch Dunkel. Ein leichter Westwind bewegte die Schwüle nur, ohne sie zu mildern. In einem dunstigen violetten Gewölk wetterleuchtete es jeden Abend am Horizont und dann kam der Mond fast voll und das Glitzern und Sprühen begann wieder allerorten.

»Man möchte zu dieser ewigen Helligkeit sagen«, bemerkte wieder Hans Grill, »ich will meine Ruhe.«

Allein auch in den Stuben war diese Ruhe nicht zu finden, dort war es zu eng und zu heiß, und die Dunkelheit legte sich über den Schläfer wie eine dicke schwarze Decke. Selbst die Fischer, die sonst mit einbrechender Dunkelheit in ihre Hütten zu verschwinden pflegten, saßen vor ihren Häusern und starrten auf das Meer hinaus. So saßen die Wardeins auf der langen Bank vor ihrer Haustür, alle waren sie da nebeneinander aufgereiht wie Seevögel auf einer Klippe. Die achtzigjährige Großmutter, groß und knochig wie ein Mann, legte ihre seltsam knorrigen Hände flach auf die Kniescheiben, um sie zu kühlen. Wardein rauchte seine Pfeife; seine bleiche Frau hielt das Jüngste an der Brust, und die anderen Kinder saßen da im Hemde und wiegten unruhig die nackten Füßchen. Keiner sprach ein Wort, und alle, auch die Kinder, schauten ernst und geduldig gerade vor sich hin. Wenn das Wetterleuchten drüben eilig den Horizont erhellte, wies Wardein stumm mit der Pfeife zu ihm hinüber. Unten am Strande gingen ganz stille Liebespaare hin, sie gingen mit herabhängenden Armen nebeneinander her, träge die Füße über den Sand ziehend. Was sollten sie sich sagen, hier hatte immer seit Menschengedenken das Meer das Wort und wozu ihm unnütz dreinreden.

JOACHIM RINGELNATZ

Steine am Meer

Eine schöne Freude am Strande ist mir das: mit dem Blick nach unten über die Millionen von Steinen und Steinchen zu wandern, zu steigen, zu kriechen. Um in ihrer mannigfaltigen Masse Formenwunder und Farbenwunder zu entdecken. Um Anregendes, Aufregendes, Seltsames zu finden oder auch etwas, womit mein Ehrgeiz meinen Strandbekannten aufwarten kann.

Ich finde immer etwas. Erfreulicherweise am wenigsten das, was leider auch ich suche, wie außer mir viele Menschen, Dinge von Geldwert oder Sammelwert. Zum Beispiel den Bernstein.

Aber ich finde sonsterlei. Selbstverständlich die bekannten, immer ähnlich sich wiederholenden Steinformen. Die Kugel, das Ei, der Pilz. Oder die dünne, runde Scheibe, die man flach über das Wasser wirft, um sich daran zu ergötzen, wie sie, am Wasser abprallend, noch mehrere anmutige Sprünge macht. Oder der Donnerkeil, um den so unklare Sagen ziehn. Neben der billigen Kartoffel hebe ich anderes Eßbare auf. Als läge das meinem Interesse am nächsten. Gurke, Käse oder Käsescheibe, Wurststücke, Früchte. Ebenso auffallend häufig zeigen sich Tierähnlichkeiten. Vögel, Hunde, Robbe, Fisch, Säugetiere, Nagetiere, alle Tiere.

Ein Würfel, ein Kobold, orthopädische Modelle, ein Medaillon, ein Napoleon, ein Hammer. Ein anderer Stein, der mir wieder entgleitet und an einem härteren zerschellt, ist nun eine Urne mit Deckel. Ich spähe weiter: ein Magengeschwür, wie ich es einmal in Spiritus sah, dann etwas, was ich nicht nennen darf, dann ein Knochen. Ein rührendes Stück Madonna, eine Nase, verschiedene Nasen. Meine eigene Nase fand ich noch nicht.

Dafür ragen am Meeresufer abwechselnd im Trokkenen oder im Wasser gigantische Felsblöcke, wertvolle Quader aus der Unzahl von kleinen und kleinsten Geschwistern empor und reden genau so wie diese von Ureltern, Kampf und Geschichte. Ich darf sie nicht aufheben. Es ist verboten. (Ich schreibe dies 1929 auf der Insel Hiddensee.) Sie werden als Küstenschutz heilig gehalten. Und sind auch zu schwer.

Ich beschäftige mich lieber mit den kleinen Gebilden, von denen die See täglich Tausende ausspült und gelegentlich viele wieder abholt. Das heißt, eigentlich von den Außenseitern darunter. Deren Gestaltung, deren Gesichter und Fratzen geben ebenso der Phantasie wie dem Humor endlos zu denken. Was sie zeigen, ist angedeutet oder deutlich. Man kann ihre Ähnlichkeit mit Dingen oder Wesen leicht verstärken. Ein Tintenstrich, ein aufgetuschtes Punktauge kann genügen, um eine mystische, antike Plastik oder eine arktische Landschaft nachweisbar entdeckt zu haben.

Aber ich suche keine Kunstwerke, auch keine geologischen oder petrographischen, überhaupt keine wissenschaftlichen Aufklärungen. Ich gebe mich spielerisch den Eindrücken hin, die aus dieser stummen Steinwelt zu mir kommen. Und ich will von ihnen nicht belehrt werden, sondern in ihnen träumen und ahnen.

Es macht mir nichts aus, daß ich manchmal ob dieser Liebhaberei belächelt werde. Ich komme mir selber wie ein Kind vor, wenn ich nicht müde werde, so im Steingeröll zu forschen. Ich bilde mir dann rührsam ein, schon als kleines Kind so gespielt zu haben. Aber daß das Täuschung ist, merke ich, wenn ich heute die kleinen Kinder beobachte, die dort um mich herum mit Steinen spielen.

Ich habe doch seit meiner Kindheit so viel gelernt, erlebt und erfahren. Ich weiß heute zu erklären. Ich kann logisch folgern und deuten. Und doch – meine ich – bewegt mich vor diesen Steinen auch heute noch ein Staunen, ein Bangen, ein Sehnen wie damals.

DYLAN THOMAS

... hinunter an den herrlichen Strand

Und die Tramways, die wie Gänse zischten, brachten uns alle hinunter an den herrlichen Strand.

Da gab es Kricket im Sand und Sand im Kuchen, Sandfliegen in der Brunnenkresse und faule maultierfromme Esel, die sich unwillig reiten ließen. Mädchen zogen sich in hinfälligen Zelten aus Wohlanständigkeit aus; unter unsichtbaren Schirmen rüsteten sich wohlbeleibte Damen für das männliche unmoralische Meer. Winzige nackte Erdarbeiter gruben Kanäle, Kinder mit Spaten und ohne Ehrgeiz bauten vergängliche Burgen. Flederwische von jungen Männern pfiffen draußen vor den Badehütten beträchtlichen jungen Damen zu, oder auch Hunden, die sich inniger nach geworfenen Steinen sehnten als nach Elefantenknochen. Störrische Onkel versammelten sich bei lauwarmem Bier unter tigergestreiften Sonnendächern. Mütter in Schwarz keuchten wie wackelnde Berge unter den abgelegten Kleidern von Töchtern, die mit kreischender Tapferkeit die koboldhaften Wellen herausforderten. Und Väter gönnten sich in der alljährlich einmaligen Sonne ein ausgiebiges Nickerchen. Ach, all die Nickerchen längs des papiertütigen Strandes!

Lakritze und walisische Herzen schmolzen, und die harten Zuckerstangen, an denen wir alle sogen, sahen aus wie buntlackierte Grenzpfähle aus Rhabarber.

Und die Wogen rollten heran und trugen Gummienten und Büroangestellte. Ich erinnere mich an den geduldigen, mühsamen und liebenswürdigen Zeitvertreib oder Beruf, nahe Angehörige im Sand zu begraben.

Ich erinnere mich an das fürstliche Vergnügen, Sand aus Eimern oder aus der hohlen Hand in Kragen oder Kleiderausschnitte rieseln zu lassen; an das Kreischen und Schütteln und an den Klaps.

Ich kann mich an den alleinstehenden Jungen erinnern, an den einsamen Strandwolf, der am Rande einer Familienkricketpartie hungrig herumstrich, an den ohne Freunde im Gelände Verlorenen, der weder zum Kricket noch zum Tee eingeladen wurde.

Ich erinnere mich an den Geruch von See und Seetang, von nasser Haut, nassem Haar, nassen Schwimmtrikots, an den warmen Geruch eines Kaninchenfelles nach dem Regen, den Geruch von Sodawasserlimonade und bekleckerten Sonnenschirmen und Karamellenbonbons, an den Stall- und Streugeruch von heißem, hin und her geworfenem durchwühltem zergrabenem und zertretenem Sand, und den Alkohol- und Gaslampengeruch, diesen Samstagabendgeruch, der aus dem bauchigen Bierzelt kam, wenn auch jetzt die helle Sonne schien, an den Essiggeruch auf den ausgelösten Meerschnecken, an Muschelgeruch und Krebsgeruch, an den öligtröpfelnden Hintergassenwintergeruch von Bratkartoffeln in Zeitungspapier, an den Geruch der Schiffe auf den sonnenbetäubten Werften im Winkel hinter den Sandhügeln, an den Geruch der bekannten und durchpaddelten See, die sich dahinwälzte voll von Ertrunkenen und Heringen, hinaus und weit weit weg, und immer noch weiter, bis zu den Antipoden, die ihre Koala-Bären und Maoris, ihre Känguruhs und Bumerangs verkehrt über die Rückseite der Sterne hingen.

Und der Lärm des strampelnden Kasperle und des fallenden Krokodils; und eine Uhr, die schlug, aber in der menschenleeren Stadt keine Zeit verkündete, und dann und wann eine Glocke von einem verlorenen Turm. Oder ein Zug räusperte sich auf der Bahnstrekke hinter uns; und immerzu das hoffnungslose hungergierige Fluchen und Zureden der Möwen; Eselschrei und Händlerruf, Harmonikas und Spielzeugtrompeten, Brüllen und Lachen und Singen, das Tuten der Schlepperboote und Frachtdampfer, das Klicken des Platzkartenlochers des Strandsesselwärters, das Husten des Motorboots draußen in der Bucht, und das gleiche Loblied und das gleiche Waschen des Meeres, das schon in der Bibel zu hören war.

»Woge auf Woge«

Wellen, Ebbe und Flut

KLABUND

Die unendliche Woge

(Nach einem anonymen chinesischen Gedicht)

Wie des Meeres Wellen
Auf und nieder wellen:
Also wogt unendlich mein Verlangen,
Dich zu fangen, zu umfangen.
Wie entflieh ich meinem Wahne?
Neige ich mich aus dem Kahne:
Immer seh den einzigen Gedanken
Ich im Meere auf und nieder schwanken.

HERMAN MELVILLE

Kiesel

I

Mag der Wetterbeamte auch prahlen,
   Er formuliere das Wettergesetz,
Die Seevögel wissen doch alle,
Daß der Wind stets weht, wo er will,
   Sei es stürmisch oder still.

II

Alt sind die Religionen, voll fader Gruppen,
Passen sich jeder Mode im Wandel an;
Doch das Seeohr läßt seine Gruppe im Stich,
Streift zum Ufer, wo es eine greise Muschel trifft
Und sie ehrfürchtig hebt an sein Ohr.
Diese Stimme, voll ferner Eintönigkeit,
Wird sie sich ändern je oder wandeln?
Das Meer hat sie angeregt – und die Wahrheit,
Die nie in ihrer Gleichheit wird wanken.

III

Tief in der Wellen feuchtem Tal,
An der Kammlinie blauem Rand,
Hallt das schmeichelnde Echo kein einziges Mal,
Denn ein Echo hat die See nie gekannt;
Sie kennt keinen Lohn für Mühe und Schmerz,
Für des Menschen Traum und sein hoffendes Herz.

IV

Auf dem Meer, wo zur Schlacht die Flotten weilen,
Lenkt die Not die Menschen, die sich peinigen und leiden.

V

Ich bin die alte, unerbittliche See,
Am meisten unerbittlich mit einem Lächeln auf dem Mund –
Befriedigt, doch nicht satt von all den Wracks auf meinem Grund.

VI

Gekräuselt im Kamm jener Andenwelle,
Ist's nicht des Drachen Kamm, der den Himmel verletzt?
Die Elemente toben in wogender Tollheit –
Doch ist Christus auf dem Berg und die Taube im Nest.

VII

Vom Leid geheilt, lob ich die grausame See,
Ja preis die Engel vier, die dorthin ziehn,
Denn geheilt wurd' ich durch ihren Eiseshauch,
Der niedersinkt als Lebenstau im Rosmarin.

Caspar David Friedrich, *Strand mit Mondaufgang*, 1801

HENRY WADSWORTH LONGFELLOW

Die Fluten

Auf langen, öden Küsten ringsumher
Sah ich das Seegras, Muscheln auf dem Sande;
Nackt dunk'le Felsen ragten an dem Strande,
Als wolle flieh'n die Ebbe nimmermehr.
Da hörte ich athmen lauter als vorher
Den Ocean, die mächt'ge Brust er spannte,
Und rasend stürzte zum wehrlosen Lande
Mit wildem Tosen das empörte Meer.
Ich rief: »Sehnsucht, Gedanken, Glutempfinden,
Frohsinn und Liebe, des Gesanges Lust
In's Lebensmeer mir sanken alle nieder!«
Da plötzlich aus des tiefen Oceans Gründen
Ein Wonnemeer durchströmte meine Brust,
Erhob, wie Jugend, stark und schön mich wieder.

CONRAD FERDINAND MEYER

Flut und Ebbe

In einem fernen, umbrandeten Land
Spielen die Mädchen ein Spiel an dem Strand,
Schreiten im Reigen, heiter gesinnt,
Wann zu steigen die Flut beginnt,
Weichen zurück in gemeßner Flucht
Aus der schwellenden Meeresbucht.

In den Gewässern ruhigklar
Werden sie krause Gestalten gewahr,
Rollt eine Woge, sie sehen ein Roß,
Sehn einen Reiter, bis er zerfloß.
»Schauet den Meermann! Garstig Gesicht!
Grinsende Larve, du haschest mich nicht!«
Aber das Meer, es wächst und naht –
»Fliehet, ihr Schwestern! Sonst wirds zu spat!«
Alle sie stürzen in hastigem Lauf,
Gleiten und reißen die Strauchelnden auf
Bis zu der Bank, wo die Ebbe beginnt,
Wo, wie sie wissen, das Wasser zerrinnt.
Dort ist gelagert der flüchtige Chor,
Zieht an dem Felsen die Füße empor,
Fleht in den Himmel mit brünstigem Schrein:
»Götter! Ihr lasset die Unschuld allein?«
Aber die Flut, da den Raub sie berührt,
Hat das Verhängnis des Ebbens gespürt,
Und, wie erschreckt durch das maidliche Ach,
Gleitet sie nieder und fällt gemach! –
Gegen die Ziehnde mit drohendem Arm
Hebt sich verfolgend der blühende Schwarm:
»Höhnet die Feigen! Sie fliehn aus dem Krieg!
Kränzet die Locken und feiert den Sieg!«

Also vergnügt sich das sterbliche Heer
Mit dem gelaßnen, dem ewigen Meer.

CHRISTIAN MORGENSTERN

Meer am Morgen

Herrlich schäumende Salzflut
im Morgenlicht,
die tiefen Bläuen
in weißen Stürzen auskämmend,
hin
über grünere Seichten
zur Küste stürmend –
aus-rollend dich nun,
die Felsen hochauf umleuchtend!
Metallgrün
stehen die runden rauschenden Büsche
vor deinen fernher schwärzlichen Böen,
und rötlich milchige Wolken
strecken sich lang
in den zärtesten Himmel
darüber.

GERRIT ENGELKE

Am Meerufer

Und Welle kommt und Welle flieht
Und der Wind stürzt sein Lied,
Schaumwasser spielt an deine Schuhe –
Knie nieder, Wandrer, ruhe!

Es wälzt das Meer zur Sonne hin,
Und aller Himmel blüht darin.
Mit welcher Welle willst du treiben?
Es wird nicht immer Mittag bleiben.

Es braust ein Meer zur Ewigkeit,
In Glanz und Macht und Schweigezeit,
Und niemand weiß wie weit –
Und einmal kommst du dort zur Ruh,
Lebenswandrer, Du.

ERNST STADLER

Resurrectio

Flut, die in Nebeln steigt. Flut, die versinkt.
O Glück: das große Wasser, das mein Leben überschwemmte, sinkt, ertrinkt.
Schon wollen Hügel vor. Schon bricht gesänftigt aus geklärten Strudeln Fels und Land.
Bald wehen Birkenwimpel über windgesträhltem Strand.
O langes Dunkel. Stumme Fahrten zwischen Wolke, Nacht und Meer.
Nun wird die Erde neu. Nun gibt der Himmel aller Formen zarten Umriß her.
Herzlicht von Sonne, das sich noch auf gelben Wellen bäumt –
Bald kommt die Stunde, wo dein Gold in grünen Frühlingsmulden schäumt –

Schon tanzt im Feuerbogen, den der Morgen übern
Himmel schlägt,
Die Taube, die im Mund das Ölblatt der Verheißung
trägt.

WILLIAM BUTLER YEATS

Die Gedanken des alten Fischers

Ihr Wellen, ob ihr hertanzt vor mir wie tobende
Kinder,
Ob ihr glitzert und glänzt, schnurrend Luft holt oder
Schwung –
Der Juni war früher viel wärmer, und die Wellen
geschwinder,
Als ich ein Junge war und in meinem Herzen kein
Sprung.

Die Heringe sind lang nicht so viele, wie sie's mal
waren;
Mein Kummer! Denn der Korb knarrte bei jeder
Lieferung,
So oft hat der Karren den Fang nach Sligo gefahren,
Als ich ein Junge war und in meinem Herzen kein
Sprung.

Und ah! stolze Mädchen, ihr seid nicht so hübsch,
wenn an Land
Sein Ruder man hört, hübsch wie sie, die ungebunden
und jung

Abends bei den Netzen vorbeigingen zum steinigen
Strand,
Als ich ein Junge war und in meinem Herzen kein
Sprung.

FERNANDO PESSOA

Woge auf Woge

Woge auf Woge rollt eilig
Ihre grüne Bewegung aus
Und zischt weiß ihren Schaum
An die dunklen Gestade.

Wolke auf Wolke reißt langsam
Ihre runde Bewegung auf,
Und Sonne erwärmt den Luft-
Raum zwischen den spärlichen Wolken.

Gleichgültig gegen mich wie ich gegen sie,
Ändert die Natur dieses stillen Tages
Wenig an meinem Empfinden,
Daß die Zeit verfliegt.

Nur ein vager wankelmütiger Kummer
Bleibt kurz vor meiner Seele stehen,
Betrachtet mich flüchtig
Und geht, lächelnd über nichts.

GEORG VON DER VRING

Wellenschlag

Vor vielen tausend Tagen
Hell in wehenden Räumen
Hörte ich Wellen schlagen
Und am Gebälk verschäumen.

Ein Strom glitt hin, ein gelber,
Perlmuttern überflogen –
Ihm folgend ward ich selber
Eine von tausend Wogen;

Lernte an Inseln stranden;
Spiegel sein einem Himmel;
Aber mit euch, die aufbranden,
Lief ich zuhauf ins Getümmel.

Ob Möwen die Stimme erheben,
Wie wenn sie einander verlören –
Wir werden immer leben,
Ich werde euch immer hören.

JÁNOS PILINSZKY

Fest des Tiefpunkts

Wer wagt zu lesen
im blutigen Dunst der Ställe?
Und wer wagt,
im Dornengefilde der untergehenden Sonne,
während der Flut des Himmels
und der Ebbe der Erde
aufzubrechen, wohin auch immer?

Wer wagt,
mit geschlossenen Augen stehen zu bleiben
an jenem Tiefpunkt,
dort, wo
sich immer ein letztes Abwinken zeigt,
ein Hausdach,
ein herrliches Gesicht oder auch nur
eine einzige Hand, ein Kopfnicken, eine
Handbewegung?

Wer vermag
unbekümmert hinüberzugleiten
in den Traum, der gleich einer Woge die Betrübnisse
der Kindheit
hinwegspült und das Meer
als eine Handvoll Wasser ans Gesicht führt?

Da war kein Mensch, kein lebendes Wesen,
Keine Bewegung als von Wasser
In endlosen Sümpfen, und heißer, feuchter Wind.
Es gab keine Zeit, es gab nur das Sein,
Tief, schwarz, des Vorhandenen nicht bewußt.
Irgendwo an einem Strand in sengender Sonne,
Von niemandem erwartet, unbemerkt,
Begann sich einsam, noch sehr lange fruchtlos,
Das erste Leben in sich selbst zu regen.

Seit das Gebären verebbt, kann niemand sich vorstellen
Das Dunkel vor dem ersten Licht,
Die Stille vor dem ersten Ton,
Die Einsamkeit des ersten Sterbens.

Unter dem Marmor der Nacht
Birgt sich diese Stadt in sprödem Gestein,
Vergißt das Fallen des nächtlichen Sterns
Und die gleichmütig steigende Flut.

VIRGINIA WOOLF

Morgen am Meer

Die Sonne war noch nicht aufgegangen. Meer und Himmel ließen sich nicht unterscheiden, nur daß das Meer leicht gefältelt war wie ein zerknittertes Tuch. Allmählich, während der Himmel weiß wurde, erstreckte sich eine dunkle Linie am Horizont, die das Meer vom Himmel trennte, und das graue Tuch wurde von dicken Streifen durchzogen, die sich, einer nach dem anderen, unter der Oberfläche bewegten, einander folgend, einander jagend, immerzu.

Sowie sie sich der Küste näherten, hob sich ein Streifen nach dem anderen, schob sich hoch, brach und wischte einen dünnen Schleier weißen Wassers über den Sand. Die Welle hielt inne und zog sich dann wieder zurück, seufzend wie ein Schlafender, dessen Atem unbewußt kommt und geht. Allmählich wurde der dunkle Streif am Horizont klar, als hätte sich die Ablagerung in einer alten Weinflasche gesetzt und das Glas erschiene wieder grün. Dahinter klärte sich auch der Himmel, als hätte sich dort die weiße Ablagerung gesetzt, oder als höbe der Arm einer Frau, die hinterm Horizont ruhte, eine Lampe in die Höhe, und nun breiteten sich flache Streifen von Weiß, Grün und Gelb über den Himmel aus wie die Finger eines Fächers. Dann hob sie ihre Lampe höher, und die Luft schien auszufasern und sich von der grünen Oberfläche zu lösen, sie flackerte und flammte in roten und gelben Fasern wie rauchendes Feuer, das aus einem Freudenfeuer aufprasselt. Allmählich verschmolzen die

Fasern des brennenden Freudenfeuers zu einem einzigen Dunst, einem weißen Glast, der das Gewicht des wollnen grauen Himmels emporhob und in eine Million hellblauer Atome verwandelte. Die Meeresoberfläche wurde langsam transparent und lag gekräuselt und glitzernd da, bis die dunklen Striche nahezu weggewischt waren. Langsam hob der Arm, der die Lampe hielt, sie höher und dann noch höher, bis eine breite Flamme sichtbar wurde; ein Feuerbogen loderte am Rande des Horizontes, und rund um ihn her lohte das Meer golden.

THOMAS MANN

primitiv, elementar

Und nun komme ich zu der Hauptsache, zum Meer, diesem Meer, das man überall hört und zu dem alle Wege hinführen und zu dem ich an jedem Tag nach meiner Arbeit hinübergehe. Viele sandige Dünenwege führen dorthin. Bevor man den windschiefen Wald am Meer erreicht, geht man auf einer Höhe ca. 50 m und hat dann schon auf halbem Wege das Meer vor Augen. Weit breitet es sich vor einem aus. Jeden Tag hat es ein anderes Gesicht. Bei Sturm ist es schwarz mit grünen Kämmen, wie im Märchen vom ›Fischer un siner Fru‹. Geht man weiter durch den windschiefen Wald, kommt man in ein bewachsenes Dünengelände und ist dann endlich am Strand, an der Ostsee, einer Ostsee, wie ich sie noch gar nicht kannte. Sie ist vollkommen offen nach Westen bis nach Schweden hinüber, und stark wie an der Nordsee ist die Brandung bei Westwind. Die Brandung ist von eigenartiger Großartigkeit. Auch hier haben Meer und Strand einen primitiven, elementaren Charakter. Ich denke zuweilen, daß das Meer, das Hochgebirge im Schnee und die Wüste eine Kategorie von Naturerscheinungen für sich ist. Wer nicht den nötigen Respekt vor dem Meer hat, kann leicht zu Schaden kommen. Die Wellen haben selbst ganz nahe am Strand noch eine Kraft, daß man glaubt, Löwenpranken schlügen auf die Schultern. Im Sog ist schon mancher zu Schaden gekommen. Schwimmt man zu weit hinaus, so gerät man in diesen Sog, der einen immer wieder zurückzieht und gegen den alle Anstrengungen vergeblich sind. Mancher, der in diesen Sog geriet, wurde nachher mit geplatztten Lungen aufgefunden. Man beklagt ihn dann, aber im Grunde hat er es sich selbst zuzuschreiben, weil er eben nicht genügend Respekt vor dem Meere hatte. Der Strand empfiehlt sich nicht durch Komfort. Nur wir haben einen Strandkorb, alle anderen Gäste bauen sich Sandburgen.

Ich freue mich heute schon wieder auf unseren nächstjährigen Aufenthalt in Nidden.

William Turner, *Fischer auf See*, 1796

»... wir aber schwammen vorüber«

Schwimmen, sinnliches Erleben

LOPE DE VEGA

Hoppla, mich trägt die Welle,
hoppla, mich trägt das Meer!

Hoppla, ich lasse mich tragen,
ohne viel weiter zu fragen,
und dem Himmel will ich entsagen,
der doch nichts für mich wär.

Hoppla, mich trägt die Welle,
hoppla, mich trägt das Meer!

HEINRICH HEINE

Mein Liebchen, wir saßen beisammen,
Traulich im leichten Kahn.
Die Nacht war still und wir schwammen
Auf weiter Wasserbahn.

Die Geisterinsel, die schöne,
Lag dämmrig im Mondenglanz;
Dort klangen liebe Töne,
Und wogte der Nebeltanz.

Dort klang es lieb und lieber,
Und wogt' es hin und her;
Wir aber schwammen vorüber,
Trostlos auf weitem Meer.

BLAISE CENDRARS

Ich schwimme

Bis zum Äquator war Winter
Jetzt ist Sommer
Der Kapitän hat ein Schwimmbecken auf dem
Oberdeck einrichten lassen
Ich tauche ich schwimme ich mache toter Mann
Ich schreibe nicht mehr
Kein schlechtes Leben

JOHANNES EDFELT

Requiem für die Ertrunkenen

In Schluchten Eingewiegte
zum tiefen Dämmrungsland.
– Schließt Augen euch, besiegte
von dünungsblinder Hand.

Ihr einmal angstumfangen
von Waffen nun befreit,
es webt das Meer mit langen
Wellen das Sterbekleid.

Glänzt, Perlen und Korallen,
in Wassers Ewigkeit!
Schmücke, wo Schatten fallen,
medusenhaft Geschmeid.

Der Sarg sei euch bereitet
von Muscheln und von Sand,
ein Kranz von Tang gebreitet
mit einem Algenband.

Ihr Möwen laßt erschallen
den heiseren Choral
für die, die schnell verfallen –
Wind wein im Wellental.

Ihr Augen, die geschlossen
zum Tiefen – Todesraum –
vergessen und verflossen
Armadas langer Traum.

Ein Friedensort, der dauert,
sei ihnen, Meeresgrund;
in Nächten aufgeschauert
wird dein Geheimnis kund.

HANS-JÜRGEN HEISE

Humoreske

Das Meer ist ein großer Kessel
in dem die Gischt
alle Fische und Muscheln kocht

Das war heute früh

Jetzt planscht das Meer
zwischen den Zehen der Badegäste
und es läuft vor einem kleinen
nackten Jungen davon
der ihm nachruft: Feigling!
Was für ein Feigling
du bei Ebbe bist!

Louis Garneray, *Dieppe, Strand für Männer* (oben) und *Dieppe, Strand für Frauen* (unten), 1828

ROBERT LOUIS STEVENSON

Schwimmen konnte ich nicht

Das Riff, auf das wir gelaufen waren, befand sich dicht an der Südwestspitze von Mull, nicht weit von einer kleinen Insel namens Earraid, die flach und schwarz auf Backbord lag. Bisweilen brach die See über uns hinweg, dann wieder rieb sich die arme Brigg auf dem Felsen, so daß wir hören konnten, wie sie in Stücke zerschlagen wurde. Dazu das Knattern der Segel, das Pfeifen des Windes, der im Mondlicht fliegende Gischt und die Empfindung der Gefahr: ich glaube, mein Verstand mußte mich verlassen haben, denn kaum begriff ich, was ich sah.

Da bemerkte ich, wie Mr. Riach und die Matrosen sich um das Boot bemühten, und in der gleichen Verwirrung lief ich hinzu, um zu helfen. Sobald ich Hand anlegte, kehrten die klaren Gedanken zurück. Es war keine leichte Aufgabe, denn das Boot lag mittschiffs und war voller Tauwerk, und die schweren, über uns hinbrechenden Seen zwangen uns immer wieder, einzuhalten und uns festzuklammern. Aber soweit es möglich war, arbeiteten wir wie die Pferde.

Inzwischen kamen alle Verletzten, soweit sie sich rühren konnten, aus dem Vorderkastell hervorgeklettert und halfen, während die übrigen schreiend und bettelnd, man möge sie retten, in ihren Bunkern lagen.

Der Kapitän beteiligte sich nicht. Er schien völlig verstört. Er hielt sich an den Wanten und sprach vor sich hin, und wenn das Schiff auf die Felsen aufschlug, dann stöhnte er laut auf. Seine Brigg war ihm wie

Weib und Kind. Tag für Tag hatte er die Mißhandlungen des armen Ransome mit angesehen, aber als es nun um die Brigg ging, schien er mit ihr zu leiden.

Aus der ganzen Zeit, während der wir mit dem Boot beschäftigt waren, erinnere ich mich nur an eines: Mit einem Blick auf die Küste fragte ich Alan, wes Land das sei, und er antwortete, das sei das schlimmste für ihn, nämlich Campbell-Land.

Einen der Verwundeten hatten wir als Wache aufgestellt, der auf die Seen achten und uns warnen sollte. Als wir nun das Boot fast klar hatten, um es ins Wasser zu lassen, schrie dieser Mann plötzlich auf: »Um Himmels willen, haltet euch fest!« Aus seinem Ton schlossen wir, daß etwas Außergewöhnliches geschah, und tatsächlich kam eine ungeheure See heran, die das Schiff emporhob und es auf die Seite legte. Ob nun die Warnung zu spät kam oder ob ich mich nicht genügend festhielt, weiß ich nicht. Auf jeden Fall wurde ich, als sich das Schiff plötzlich hinüberneigte, über die Reling in die See geschleudert.

Ich versank und schluckte viel Seewasser. Dann kam ich wieder hoch und sah einen Schimmer des Mondlichtes, dann ging ich wieder unter. Man sagt, das drittemal versinkt ein Mensch endgültig. Vielleicht bin ich anders als andere Menschen, denn ich möchte nicht gern aufschreiben, wie oft ich versank und wieder auftauchte. Während der ganzen Zeit wurde ich furchtbar umhergeworfen, irgendwo aufgeschlagen und gestoßen und dann völlig verschluckt, und das brachte mich so durcheinander, daß weder Trauer noch Angst in mir aufkamen.

Alsbald fand ich eine Rahe, an der ich mich festhalten konnte, und dann geriet ich in ruhiges Wasser und kam wieder zu mir.

Es war die Ersatzrahe, die ich gefaßt hatte, und jetzt sah ich voller Entsetzen, wie weit ich schon vom Schiff abgetrieben war. Ich schrie hinüber, aber vergebens. Es war mir klar, daß ich schon außer Hörweite war. Das Schiff hielt sich noch, aber ob das Boot zu Wasser gelassen worden war, vermochte ich nicht zu erkennen, denn ich war schon zu weit weg und lag zu tief im Wasser.

Während ich so nach der Brigg hinüberrief, erspähte ich eine Wasserfläche zwischen uns, wo keine großen Wogen waren, die aber weiß kochend mit ihren Ringen und Blasen im Mondschein schäumte. Mitunter schwenkte dieser Wasserstreifen wie der Schwanz einer lebenden Schlange auf eine Seite, dann verschwand er für einen Augenblick ganz und dann schäumte er wieder auf. Was es bedeutete, konnte ich nicht erraten, aber meine Furcht davor wuchs. Heute weiß ich, daß es der Flutstrom war, der mich so schnell davongetragen hat und mich so grausam umherwirbelte, um mich schließlich, wie dieses Spieles müde, mit der Ersatzrahe an den Strand zu werfen.

Nun lag ich ruhig im Wasser und erkannte, daß ein Mensch ebenso vor Kälte umkommen wie ertrinken kann. Die Küste von Earraid lag ganz in der Nähe. Im Mondlicht konnte ich die Heidebüsche und auf den Felsen den schimmernden Glimmer sehen.

Nun, dachte ich mir, das müßte doch seltsam zugehen, wenn ich nicht dahin käme.

Schwimmen konnte ich nicht, denn der Essenfluß in meiner Heimat führt nur wenig Wasser. Aber als ich so dalag und die Rahe mit beiden Armen festhielt, trat ich mit beiden Beinen nach rückwärts und bemerkte bald, daß ich mich vorwärts bewegte. Es war ein schweres Stück Arbeit und ging höllisch langsam vonstatten. Aber nach etwa einer Stunde des Tretens und Plantschens hatte ich eine Stelle in einer sandigen Bucht zwischen niedrigen Hügeln erreicht.

Hier war die See ganz ruhig und ohne jede Brandung. Der Mond schien hell, und niemals glaubte ich eine einsamere und trostlosere Gegend gesehen zu haben. Aber es war trockenes Land, und als es schließlich so seicht war, daß ich die Rahe fahren lassen konnte, um auf meinen Füßen an Land zu waten – ich kann nicht sagen, ob da meine Erschöpfung oder meine Dankbarkeit größer war. Auf jeden Fall war ich erschöpfter als jemals vor dieser Nacht und voller Dankbarkeit gegenüber Gott wie schon oft, aber niemals mit so viel Grund.

JOHN BANVILLE

Schwimmen, schwimmen

Chloe, Myles und ich, wir verbrachten unsere Tage zum größten Teil im Wasser. Egal, ob es regnete oder ob die Sonne schien, wir gingen schwimmen; wir gingen morgens schwimmen, wenn die See wie eine zähe Suppe war, wir gingen abends schwimmen, wenn uns das Wasser wie wogender schwarzer Taft über die

Arme floss; eines Nachmittags blieben wir während eines Gewitters im Wasser, und ganz in unserer Nähe schlug ein Gabelblitz ein, so nah, dass wir das Knistern hören und die verbrannte Luft riechen konnten. Ich war kein besonders guter Schwimmer. Die Zwillinge hatten schon als Babys schwimmen gelernt und teilten die Wellen mühelos wie zwei schimmernde Scheren. Was mir an Können und Grazie fehlte, machte ich durch Ausdauer wett. Ich konnte lange Strecken schwimmen, ohne einmal anzuhalten, und kraulte, wenn ich Zuschauer hatte, oft unentwegt in Seitenlage vor mich hin, so lange, bis nicht nur ich selbst erschöpft war, sondern auch die Geduld der Schaulustigen am Strand.

IRIS MURDOCH

Dies ist mein natürliches Element

Ich war wieder schwimmen, aber ich habe noch immer nicht ganz den richtigen Platz dafür gefunden. Heute früh sprang ich einfach von den Felsen gleich neben dem Haus in die Tiefe. Sie fallen fast senkrecht zum Wasser ab, aber es gibt ein paar Spalten und Vorsprünge, die eine, wenn auch recht gefährliche, Treppe bilden. Meine »Klippe« nenne ich diese Felsen, obwohl sie nicht viel höher als sechs Meter sind, und das bei Ebbe. Natürlich ist das Wasser sehr kalt, aber nach wenigen Augenblicken kommt es einem vor, als hülle es den Körper in eine warme, silbrige Haut, als wären einem die Schuppen eines Nixes gewachsen. Das Blut erwidert die Herausforderung mit jauchzender neuer Kraft. Ja, dies ist mein natürliches Element. Was für ein seltsamer Gedanke, daß ich vierzehn werden mußte, bis ich zum ersten Mal das Meer sah.

Ich bin ein guter, furchtloser Schwimmer und habe keine Angst vor stürmischen Wellen. Heute war das Meer sehr ruhig, verglichen mit den Ozeanen der südlichen Halbkugel, in denen ich wie ein Delphin herumgetollt bin. Mein Problem war ein technisches. Obwohl der Seegang nur leicht war, hatte ich lächerliche Schwierigkeiten damit, wieder auf die Felsen zu kommen. Die »Klippe« war ein wenig zu steil, die Vorsprünge im Felsen waren ein wenig zu schmal. Die sanften Wellen narrten mich, hoben mich dem Felsen entgegen und pflückten mich wieder von ihm herunter. Immer wieder zog es mir die Finger weg, die nach einer Spalte suchten. Langsam wurde ich müde, schwamm um die Felsen herum und versuchte es an anderen Stellen, wo das Meer rastlos aus und ein schwappte, aber dort war es noch schwieriger, weil das Wasser tief war und die Felsen zwar nicht so steil, dafür aber glatt und von glitschigen Algen überzogen, so daß ich keinen Halt fand. Am Ende gelang es mir doch, meine Klippe zu erklettern, indem ich mich mit Fingern und Zehen festklammerte und schließlich seitlich auf einen Felsvorsprung kniete. Als ich endlich oben ankam und mich keuchend in die Sonne legte, stellte ich fest, daß meine Hände und Knie bluteten.

Seit meiner Ankunft hier leiste ich mir das Vergnügen, nackt zu schwimmen. Diese felsige Küste lockt zum Glück keine Ausflügler mit ihren »lieben Kleinen« an. Nirgendwo auch nur eine Spur von lästigem Sand. Manche sagen, es ist eine häßliche Küste. Möge sie diesen Ruf noch lange behalten. Die Felsen, die sich nach beiden Richtungen erstrecken, sind tatsächlich nicht malerisch. Sie sind von sandgelber Farbe, mit kristallinen Tupfern gesprenkelt, eine kunterbunter Haufen von großen, plumpen Felsbrocken. Unterhalb der Gezeitenlinie zieht sich ein Gürtel von schmierig glänzenden, blasigen, dunkelbraunen Algen hin, die ziemlich unangenehm riechen. Von oben und aus der Nähe aber offenbaren sie dem Kletterer eine erstaunliche Zahl verborgener Freuden. Es gibt viele V-förmige Schluchten mit kleinen Tümpeln und Geröllhalden mit hübschen Steinen in den verschiedensten Formen. Auch Blumen wachsen dort, irgendwie gelingt es ihnen, in den Rissen Wurzel zu fassen: rosa Grasnelken und lila Malven, weißes, kriechendes Seeleimkraut, eine blaugrüne Pflanze mit kohlartigen Blättern und eine winzige Art Steinbrech mit so kleinen Blättern und Blüten, daß man sie mit bloßem Auge fast nicht sieht. Ich muß mein Vergrößerungsglas suchen und sie mir einmal genau ansehen.

»Stolzes Schiff mit seidnen Schwingen«

Schiffe

KLABUND

Das Blumenschiff

(Nach Su-Tung-Po)

Im Meere hinter Brandungsschaum und Riff
Schwimmt wie ein Kormoran das Blumenschiff.

Ich bin nicht gegen seinen Duft gefeit.
Ich heb den Arm. Das Schiff ist allzu weit.

Mimosen hängen traubengleich am Bug.
Ein Fächer schlägt den Takt zum Ruderzug.

Ich werfe eine Blume in das Meer,
Die treibt nun auf den Wellen hin und her.

Vielleicht, daß, wenn der Wind sich abends dreht,
Er meine Blume bis zur Barke weht …

William Hodges, *Die ›Resolution‹ in den Marquesasinseln*, 1774

JOSEPH VON EICHENDORFF

Schiffergruß

Stolzes Schiff mit seidnen Schwingen,
Fährst mein Boot zu Grunde schier,
Sang von Bord und Lauten klingen,
O du fröhlicher Schiffsherr, dir;
Ich muß selbst mein Lied mir singen,
Nur der Sturmwind singt mit mir.

Stolzes Schiff, wenn deine Feuer
Nachts verlöscht: beim falben Licht
Steht ein Fremder an dem Steuer,
Mit den Winden laut er spricht,
Und die Wogen rauschen scheuer –
Trau dem finstern Bootsmann nicht!

Gleiche Winde, gleiche Wellen,
Reiches Schiff und armes Boot
Nach demselben Strande schwellen,
Deine Hoffart, meine Not
Wird an *einem* Riff zerschellen,
Denn der Bootsmann ist der Tod.

ARTHUR HUGH CLOUGH

Wo liegt das Land?

Wo liegt das Land, zu dem das Schiff fuhr aus?
Weit – sagen ihr die Seeleut – weit hinaus.
Und wo das Land, von dem es wiederkehrt?
Weit hinten, weit – ist alles, was sie hört.

Am sonnigen Mittag auf dem blanken Deck –
Wie lustig, Arm in Arm zu gehn ans Heck;
Sich überlehnen, sehn, wie weißer Schaum
Das Schiff umsäumt bis vorn zum Klüverbaum.

In Sturmesnächten, wenn die Wogen rolln,
Wie stolz wir ihr Getos bestehen wolln!
Der Segler trieft, ihm dröhnen Rah und Mast;
Sein Spott frohlockt: rennt an, so lang's euch paßt.

Wo liegt das Land, zu dem das Schiff fuhr aus?
Weit – sagen ihr die Seeleut – weit hinaus.
Und wo das Land, von dem es wiederkehrt?
Weit hinten, weit – ist alles, was sie hört.

FERDINAND FREILIGRATH

Schiffbruch

Fragment

Wohl wünsch ich vieles mir; doch, wär' ich ein
Matrose,
Dann wünscht' ich einen Sturm und eine Wasserhose
Im fernsten Südmeer mir; dann wünscht' ich, daß mein
Schiff
Der zürnenden Gewalt des Trombengeists verfiele,
Daß, mast- und segellos, es säße mit dem Kiele
Gespießt auf ein blutrot, turmhoch Korallenriff.

Des Meeres Arme sind die zackigen Korallen;
Aus seiner Tiefe streckt es sie, wie blut'ge Krallen,
Nach den belasteten Ostindienfahrern aus;
Und hat es sie gefaßt, dann hält es sie den Schlägen
Der Stürzflut und dem Zorn des Tropensturms
entgegen,
Und reißt sie jauchzend in sein wunderbares Haus.

Die Wände seines Saals – Eisberge! glänzend stehen
An beiden Polen sie! – bedeckt es mit Trophäen:
Der Schiffe Flaggen und zerrißne Segel sind's.
Ha, wär' ein Schiffer ich, dann wollt' ich, so versänke
Mein Schiff, geschleudert auf die scharlachroten Bänke
Des unbekanntesten und fernsten Labyrinths

Von Südseeinseln, die, wie unbewegt das flache,
Saftgrüne Lotosblatt auf einem stillen Bache

Schwimmt, auf dem Meere ruhn: sie schlummern auf der Flut.
Schilfgürtel tragen sie und Kokospalmenkronen:
Die prächt'gen Vögel, die hoch auf den Kronen wohnen,
Sind das Gestein daran, goldgelb und rot wie Blut.

Wie Kinder ruhn sie an der Brust des Ozeanes;
Sie lächeln durch den Sturm; die Stimme des Orkanes
Stört ihren Schlummer nicht; des Meeres schäumend Naß,
Das sie mit Untergang bedroht, macht sie nicht zittern:
So lächelnd schlummerte, inmitten von Gewittern,
Der Sohn des Menschen einst auf dem Tiberias. –

MICHAIL LERMONTOW

Das Segel

Weiß schimmert ein einsames Segel
im blauen Nebel des Meeres! ...
Was sucht es im fernen Land?
Was verließ es im Heimatland? ...

Die Wellen spielen, der Wind pfeift,
und der Mast biegt sich und knarrt ...
Ach – es sucht das Glück nicht
und flieht nicht vor dem Glück!

Unter ihm ein Strom von hellem Lasur,
über ihm ein goldener Sonnenstrahl …
Aber, rebellisch, bittet es um Sturm,
als ob in Stürmen Ruhe wäre!

OSKAR LOERKE

Das Schiff

Du solltest gütig sein!
Du sagst: ich halte dich in Armen –
Und ich: du solltest mein
Dich – sinne nach – noch mehr erbarmen.

Du meinst, hier sei der alte vertraute Raum
Und unsrer süßen Jahre Gerät und Licht.
Mich friert: ein Meer, ein Schiff! Ein Hafen
Wartet, mein Fuß hat ihn schon betreten.

Du solltest gütig sein.
Du lächelst: Rosen der Tapetenborte,
Wie frische Rosen schließen sie uns ein,
Das Bronzefüllen springt nach unsrem Worte.

Es springt, aber starrt es nicht auf die See,
Die lautlos aus dem Nichts wie das Nichts sich wellt?
Den Mondstrand säumend, starren einsam
Schatten der Distel und unverändert.

Du solltest gütig sein.
Kann sich dein Auge nicht erbarmen,
Nicht wie mein Bild mich selbst hinein
Verschließen, mehr als Arm und Arm umarmen?

Sie winden meine Truhen zum Schiffbord hoch,
Am Maste hängt die Leuchte, grinst ins Dunkel,
Läßt ungerührt geliebte Geister,
Deinen, auch deinen, ins Feuer gleiten.

Ich will nun gütig sein.
Ja, Rosen der Tapetenborte,
Wie frische Rosen schließen sie uns ein,
Das Bronzefüllen springt nach unsrem Worte.

Es fährt das Schiff, wenn keiner Abschied mir winkt,
Nur träger langgeschnäbelter Vögel Schar
In ächzend hingewälzter Wolke
Flattert aus stürzenden Turmverliesen.

HERMANN HESSE

Meermittag

Das ist so süß wie Traum und Tod:
Von Glut und Stille müd und schwer
Zu ruhn in einem Fischerboot
Im herben Duft von Salz und Teer.

Der kurzen Pfeife Wolkenspiel
Folgt lang das Auge ohne Ziel,
Bis es gebannt und müde ruht
In blauer Mittagssonnenglut.
Da segeln hoch in stetem Ziehn
Die weißen, losen Wolken hin,
Fernher mit kaum gehörtem Pfiff
Gibt Kunde seiner Fahrt ein Schiff.

Die Flut in träumerischem Spiel
Verlecht mit dumpfem Laut am Kiel;
Das schlaffe Segel feiert leer
Die Netzeschnur schleift hinterher.

Und alles, was dich sonst bewegt,
Und alles, was in Glück und Weh
Dir irgendwann das Herz erregt,
Ruht tief und schlummert in der See.
Dein Herz, so wild es sonst gebrannt,
Wird wieder still, wird wieder Kind
Und ruht wie Sonne, Meer und Wind
In Gottes Hand.

JUAN RAMON JIMÉNEZ

Meere

Ich spür', dass mein Schiff,
dort in der Tiefe, auf etwas Großes
gestoßen ist.
Und nichts
geschieht! Nichts … Ruhe … Wogen …

– Nichts geschieht; oder ist alles geschehen,
und wir sind schon mit dem Neuen vertraut? –

MICHAEL DONHAUSER

War ein Schauen
waren Wellen
Augen voller
Sonntagshimmel

Voller Sehen
wie das Schiff dann
leiser wurde
sich entfernte

Von dem Steg, der
selbst nicht wankte
nur krumm als Pfahl
und Bleiben war

»... durch die Wogen«

Auf See

MAURICE SCÈVE

Délie

Wie Trümmer treiben auf dem hohen Meer,
Ein Spiel der Winde und der Wogen Spiel,
Trieb ich im schlimmen Schlunde hin und her,
Und schlug mein Kummer dort der Wogen viel.
Als dir, du Hoffnung, es allhier gefiel,
Mir meine eitlen Schäume zu bedecken,
Mich jäh in ihrem Namen zu erwecken
Aus jenes Grunds verderblich trübem Traum:
Und da der Schall mich tönend auf tat schrecken,
Erkannte ich, verwirrt, mich selber kaum.

HENRY WADSWORTH LONGFELLOW

Windstille

Still schwebt auf dem Gedankenmeer'
Fern' von dem Land', ersehnt so sehr,
Mein Geist; noch schlaff die Segel sind,
Erwartend einen günst'gen Wind.

Rings um mich her der Ocean
Dehnt spiegelglatt sich, schaut mich an
Wie ein Parkett von Amathist
Dess' Krone ein Nebelgolddom ist.

Weh' frisch, weh' frisch, Begeist'rungsglut!
Beweg', heb' auf die gold'ne Flut,
Füll' meines Geistes Segel lind
Mit Odem von Deinem Himmelswind'.

O, Liedhauch! weh', bis straff ich fühl'
Die Segel, daß sich hebt der Kiel,
Daß das erwachte Meer, belebt,
Geheimnißvoll sich senkt und hebt.

JUSTINUS KERNER

Abendschiffahrt

Wenn von heiliger Kapelle
Abendglocke fromm erschallet,
Stiller dann das Schiff auch wallet
Durch die himmelblaue Welle;
Dann sinkt Schiffer betend nieder,
Und wie von dem Himmel helle
Blicken aus den Wogen wieder
Mond und Sterne.
Eines ist dann Wolk' und Welle,
Und die Engel tragen gerne,
Umgewandelt zur Kapelle,
So ein Schiff durch Mond und Sterne.

LUDWIG UHLAND

Auf die Reise

Um Mitternacht, auf pfadlos weitem Meer,
Wann alle Lichter längst im Schiff erloschen,
Wann auch am Himmel nirgends glänzt ein Stern,
Dann glüht ein Lämpchen noch auf dem Verdeck,
Ein Docht, vor Windesungestüm verwahrt,
Und hält dem Steuermann die Nadel hell,
Die ihm untrüglich seine Richtung weist.
Ja! wenn wir's hüten, führt durch jedes Dunkel
Ein Licht uns, stille brennend in der Brust.

MARIE VON EBNER-ESCHENBACH

Das Schiff

Das eilende Schiff, es kommt durch die Wogen
Wie Sturmwind geflogen.

Voll Jubel ertönt's vom Mast und vom Kiele:
»Wir nahen dem Ziele.«

Der Fährmann am Steuer spricht traurig und leise:
»Wir segeln im Kreise.«

James McNeill Whistler, *Violett und Silber. Die tiefe See*, um 1892

ANASTASIUS GRÜN

Meerfahrt

Wie so rein des Himmels Bläue
Über meinem Haupte glänzt,
Fest und licht wie ew'ge Treue,
Wandellos und unbegrenzt!

Gleich dem ew'gen Frieden schimmert
Ruhig, klar und grün das Meer;
Wie die heil'ge Liebe flimmert
Hell die Sonne drüberher.

Frei und leicht auf freien Wogen
Zog das Schiff die ebne Bahn,
Stolz die weißen Segel flogen
Wie der Freiheit Siegesfahn'.

Sonne, Meer und Himmelsbläue,
Nichts ums Schiff sonst ringsumher!
Liebe, Freiheit, Fried' und Treue!
Ei, was willst du denn noch mehr? –

Ach, wenn nur der Wind vom Lande
Mir ein grünes Blatt allein,
Eine Blüte nur vom Strande
Wehte in das Schiff herein!

HERMAN MELVILLE

Auf hoher See

Sieh das Floß und seine Flagge der Not,
  Ein dünner Fetzen bloß;
Niemand auf den Balken zu sehen ist,
  Lebend oder tot.

Es schreit die Möwe, die darüber schwebt:
  »Die Matrosen, wo sind sie hin?«
Doch die wandernde Woge mit gleichmüt'gem Sinn
  Nur aufs neue darüber fegt.

GERRIT ENGELKE

In Flut und Licht

Hinaus aufs Meer! die glatten Wellen funkeln.
Froh durch des Gartens saftige Bukette,
Darin im Licht die Rosen röter dunkeln.

Es knirscht der Ufersand am Landungsbrette:
Hurra, mein Boot! ihr braunlackierte Planken,
Du ungeduldig Tanzboot an der Kette,

Dir schlägt der Schaum die schmalgewölbten Flanken;
Vertrauter Seegenosse, du mein Freund,
Wie manche Wetterfahrt kann ich dir danken;

Bin auch wie du von Brand und Salz gebräunt.
Die Riemen raus und uferab gestrebt
Mit kräft'gem Schlag – vom Gartengrün umzäunt

Winkt wärmeflimmernd weiß das Haus und schwebt
Auf prallbemaltem heißen Uferstriche:
Ein Bild von Herdlichkeit, doch erdgeklebt.

Nun Ärmel aufgekrempt; die mittagliche,
Vorm durst'gen Blick weitoffne Flut gewinnen,
Die hin und her sich wirft im Sonnenstiche.

Getauchte Ruder ächzen in den Pinnen,
Ein salzgewürzter Wind springt herrlich auf,
Läßt sprühend Schaumgespritz vom Buge rinnen.

Glückheißer Tag! leuchtblau emporgerundet –
Darein die braune Stirn, die Brust getaucht
Und lichtflutvoll sich atmend froh gesundet.

O wie mit jedem Ruck, von Kraft gestaucht,
Der Horizont sich immer größer weitet –
Die weißen Wolken blühn, das Wasser raucht –

Lichtmeer ist über Wassermeer gebreitet –
Ich zieh die glanzbeströmten Ruder ein
Und horch', wie unterm Kiel das Wasser gleitet,

Wie in das große Wolkensausen oben
Wie in den hohen königlichen Schein,
Das kühle Glucksen zärtlich singt hinein.

Fanfaren schmettern Göttertag da droben,
Umarmend, ewigkeitlich unbewußt –
O Meer, o Himmel, Licht in Licht gehoben!

O Mensch, entblöße glücklich deine Brust!
Wirf ab, wirf ab das Kleid, so grau und trennend,
Stürz ein in diese unsagbare Lust!

O nun ich nackt, mitbrausend und mitbrennend,
Bestürm ich denkend, singend, brünstig dich,
Dich, Gott und Tagerleuchter, Vater nennend.

Wie wüßt ich diesem Glück, so sonderlich,
Denn andern vollen Namen als den deinen,
Der alle Dinge wärmet väterlich.

Du willst auch gütig jetzt um mich, den einen,
Der kam vom flachen Ufer, Mann und arm,
Mit diesem reichen Augenblick vereinen.

Ich bin umweht in himmlischem Alarm,
Und staune blind, o Herr, in dieses Licht,
Dein Odem trieft von meiner Brust so warm,

Ich hebe Mund und Stirn, und seh dich nicht …
Und glaube doch dich her zu mir im Leuchten,
Dein Sohn von Angesicht zu Angesicht.

Halt weich und fest den in die Knie Gebeugten,
Der ungeborn dir schon am Busen lag –
Ich fühle Strahlenschimmer mich umfeuchten,

Fühl deines Sonneherzens Flügelschlag
Die tausendporenoffne Haut mir streifen,
Fühl eine Vaterhand durch diesen Tag

Nach meinem tanzgewiegten Herzen greifen
Und Heiterkeit mit tausend Tönen flügeln
Und Aufgehobenheit ins Höchste schweifen.

Du hältst mich immer wieder über Hügeln,
Gesang, mein Gott, aus Dämmern und Beschwerde –
Du kannst zum Guten alles in mir zügeln!

Ich fühle, wie ich kindlich, göttlich werde!
Ich liebe dich, mein Vater, gut und grau,
Mit Meer und Tag und diesem Glanz der Erde!

Allum in Luft und Flut braust Wolkenblau –

KONRAD WEISS

Gebet auf dem Wasser

Scharf wie die Schwalbe überm Wasser,
die Möve stark im Himmelszelt,
ein Pfeil im Fluge, niemals lasser
laß mich durcheilen, Herr, die Welt.

Die Nahrung, die er hascht im Fluge,
der Vogel, die ihn vorwärts reißt,
die sich vergönnt uns im Verzuge,
die Speise sei dein heilger Geist.

Laß mir nicht Zeit, wie Mücklein spielen,
daraus dem Vogel Beute wird,
ich selber Beute, willst du zielen,
und Pfeil sei, der nach Beute schwirrt.

Und schneller, daß kein Wort ich finde
im Wind von deinem Angesicht,
es leuchtet noch, eh ich erblinde,
dein Abendrot im Augenlicht.

Erhoben wartet das Gestade,
Eindringling öffnet sich die Ruh,
halt ein, Herr, wer verfällt der Gnade,
dein Steg eilt jählings auf mich zu.

Schon hebt sich die durchzogne Welle,
die Furche teilt und wiegt sich glatt,
und über die bewegte Schwelle
fahr ich in deine heilge Stadt.

ANNA ACHMATOWA

Mit dem Morgengraun erwachen,
Atemlos gewürgt vom Glück,
Zum Kajütenfenster drehn
Auf die grüne wandernde Welle,
Und an Deck im trüben Wetter,
Tief im Flaumpelz eingehüllt,
Die Motoren klopfen hören,
Nun an nichts und niemand denken,
Und doch bis zum Wiedersehn
Mit dem, der mein Stern nun ist,
Im salzigen Regen und im Wind
Jede Stunde jünger werden.

LAVINIA GREENLAW

Das Schiff zurück ins Dunkel

Wir halten, um eine Jagdgesellschaft aufzunehmen:
Engel mit Hörnern, Bärten und Waffen,
Trophäen an ihre Lenkstangen gebunden.

Wir umfahren den Mahlstrom.
Die See lehnt sich, schwappt und ändert sich.
Die Engel knabbern spiralförmiges Eis.

Der Kapitän dreht das Radio an.
›The Green, Green Grass of Home.‹
Ich versuche, nicht mitzusingen.

»… durch die Stille braust das Meer«

Hafen, Hafenstädte

THEODOR STORM

Die Stadt

Am grauen Strand, am grauen Meer
Und seitab liegt die Stadt;
Der Nebel drückt die Dächer schwer,
Und durch die Stille braust das Meer
Eintönig um die Stadt.

Es rauscht kein Wald, es schlägt im Mai
Kein Vogel ohn Unterlaß;
Die Wandergans mit hartem Schrei
Nur fliegt in Herbstesnacht vorbei,
Am Strande weht das Gras.

Doch hängt mein ganzes Herz an dir,
Du graue Stadt am Meer;
Der Jugend Zauber für und für
Ruht lächelnd doch auf dir, auf dir,
Du graue Stadt am Meer.

Christoffer Wilhelm Eckersberg, *Der Hafen von Dragør*, 1830

GEORG HEYM

Viel Türme ragen aus dem grauen Meer
die hochbedachten Häuser stehn gedrängt,
schmalbrüstig, eins vom andern eingeengt,
Und Gaß' und Gäßchen irren kreuz und quer.

Vergangenheit drückt hart auf diese Stadt
Und Friedhofsstille. Jeder frohe Laut
hallt dumpf zurück. Das kalte Schweigen braut
fast hörbar hier und herzerschlaffend matt.

Vergessen ist hier Jedes Freud' und Leid.
Die Tage rinnen ungezählt hinab.
Es sinkt bald der, bald jener müd' in's Grab.
Und auf und ab ebbt kaum das Meer der Zeit.

RAINER MARIA RILKE

Spätherbst in Venedig

Nun treibt die Stadt schon nicht mehr wie ein Köder,
der alle aufgetauchten Tage fängt.
Die gläsernen Paläste klingen spröder
an deinen Blick. Und aus den Gärten hängt

der Sommer wie ein Haufen Marionetten
kopfüber, müde, umgebracht.

Aber vom Grund aus alten Waldskeletten
steigt Willen auf: als sollte über Nacht

der General des Meeres die Galeeren
verdoppeln in dem wachen Arsenal,
um schon die nächste Morgenluft zu teeren

mit einer Flotte, welche ruderschlagend
sich drängt und jäh, mit allen Flaggen tagend,
den großen Wind hat, strahlend und fatal.

JOACHIM RINGELNATZ

Ich komme und gehe wieder,
Ich, der Matrose Ringelnatz.
Die Wellen des Meeres auf und nieder
Tragen mich und meine Lieder
Von Hafenplatz zu Hafenplatz.

Ihr kennt meine lange Nase,
Mein vom Sturm zerknittertes Gesicht.

Daß ich so gern spaße
Nach der harten Arbeit draußen,
Versteht ihr das?
Oder nicht?

MASCHA KALÉKO

Für Einen

Die Andern sind das weite Meer.
Du aber bist der Hafen.
So glaube mir: kannst ruhig schlafen,
Ich steure immer wieder her.

Denn all die Stürme, die mich trafen,
Sie ließen meine Segel leer.
Die Andern sind das bunte Meer,
Du aber bist der Hafen.

Du bist der Leuchtturm. Letztes Ziel.
Kannst, Liebster, ruhig schlafen.
Die Andern ... das ist Wellen-Spiel,

Du aber bist der Hafen.

ROSE AUSLÄNDER

Mein Venedig

Venedig
meine Stadt

Ich fühle sie
von Welle zu Welle
von Brücke zu Brücke

Ich wohne
in jedem Palast
am großen Kanal

Meine Glocken
läuten Gedichte

Mein Venedig
versinkt nicht

JOHANNES BOBROWSKI

Fischerhafen

Abends
ehe die Boote fort
treiben, eins um das andre,
da lieb ich dich.

Bis an den Morgen
lieb ich dich mit dem Stroh in der Kammer,
mit dem Landwind über dem Dach,
mit der Hecke vor deinem Haus,
mit dem Hundegebell
ehe es hell wird.

Das Gesicht voll Fischdunst, im Tau
werd ich kommen: einer,
der seiner Hände

Wärme vertut an die Silbergestalt
Nacht. Salzigen Munds
kommt er. Jetzt
springt er ins letzte Boot.

MARCEL WAUTERS

Den anker werfen nach der sonne
über dem land aus nebel und regen
wo noahs schiff gestrandet ist
und wir mit seinen tieren leben
d. h.
den anker werfen nach der sonne
denken, daß wir wissen
was das licht an dunkel gewann
falls es so ist, daß wir messen
was wir jeden tag vergessen
d. h.
den anker werfen nach der sonne
den schneeball im feuer erhärten
den klang zu einer muschel vertonen
die form der farbe modellieren
falls es so ist, daß das wort
nur durch buchstaben befruchtet ist
d. h.
den anker werfen nach der sonne
als könne es oder könnte es sein
daß, wer auf kopf und händen geht
fuß und spazierstock nie in unschuld waschen muß

CHARLES BAUDELAIRE

Der Hafen

Ein Hafen ist ein entzückender Aufenthalt für eine von den Kämpfen des Lebens ermüdete Seele. Die Weite des Himmels, die bewegliche Bildung der Wolken, die wechselnden Färbungen des Meeres, das Aufblitzen der Leuchttürme, das alles ist ein wunderbar geeignetes Prisma, um die Augen angenehm zu unterhalten, ohne sie jemals zu ermüden. Die schlanken Formen der Schiffe mit ihrem verschlungenen Takelwerk, welche die Dünung sich in gleichmäßigen Bewegungen schaukeln läßt, helfen der Seele das Gefühl für Rhythmus und Schönheit wach zu halten. Und dann, vor allem, gibt es dort eine Art von geheimnisvollem und vornehmem Vergnügen für den, der keine Neugier und keinen Ehrgeiz kennt, wenn er, im schönsten Aussichtsplatz liegend oder auf der Mole gelagert, all die Bewegungen derer betrachtet, die abfahren, und derer, die zurückkehren, derer, die noch die Kraft haben, zu wollen, die Sehnsucht zu reisen oder sich zu bereichern.

YASUNARI KAWABATA

Der Hafen

Das ist ein seltsamer Hafen.

Hier kommen ehrbare Ehefrauen und junge Mädchen in den Gasthof. Und solange ein Gast da ist, bleibt eine von ihnen über Nacht. Morgens, nachdem sie aufgestanden sind, auch beim Mittagessen und beim Spazierengehen, immer ist sie mit ihm zusammen. Ganz wie Jungvermählte auf der Hochzeitsreise …

Und trotzdem, wenn er ihr vorschlägt, mit ihm in ein nahes Thermalbad zu fahren, wird sie den Kopf ein wenig zur Seite neigen und zu grübeln anfangen. Sagt er hingegen, er wolle in dem Hafenstädtchen ein Haus mieten, und sie ist noch ein junges Mädchen, so kann er ziemlich sicher sein, daß sie ihm freudestrahlend erwidert: »Da will ich gern deine Hausfrau werden. Vorausgesetzt, es ist nicht für allzu lang, nicht für ein halbes oder gar ein ganzes Jahr.«

… Als er hastig sein Gepäck zusammenschnürte, weil er an diesem Morgen mit dem Schiff abzureisen gedachte, sagte sie, während sie ihm dabei half: »Hör mal, du könntest nicht einen Brief für mich schreiben?«

»Was denn, ausgerechnet jetzt?«

»Aber ich bin ja nicht mehr deine Frau. Da ist das doch kein Problem, oder? Solange du hier warst, bin ich immer an deiner Seite gewesen. Habe nie irgendwas Böses getan. Jedenfalls habe ich nun aufgehört, deine Frau zu sein.«

»Wenn du es so siehst«, meinte er und schrieb ihr den Brief, der an einen Mann gerichtet war. An einen Mann offenbar, der wie er selber in diesem Gasthof mit dieser Frau einen halben Monat verbracht hatte.

»Schickst du mir auch einmal einen Brief? An einem Morgen zum Beispiel, an dem wieder irgend ein Mann das Schiff besteigt und du wieder aufgehört hast, seine Frau zu sein –?«

»Irgendeiner wird kommen«

Inseln im Meer

THOMAS MOORE

Bei der Vorüberfahrt an der Todteninsel (Deadman's Island) in der St. Lorenz-Bai

Seht unter dem finstern Gewölk ihr dort
Das dunkle Schiff? rasch gleitet es fort.
Seine Segel sind voll, doch der Wind ist stille,
Und kein Lüftchen weht, das die Segel fülle.

O, was trägt das schaurige Fahrzeug? kann
Das Grab so still sein? horch dann und wann
Nur Todtengeläut und Leichenvögel
Und das Klappen der nebelbehangnen Segel.

Auf dem kalten Strande am Labrador
Liegt ein Wrack, die Masten zerknickt wie Rohr.
Dort, auf Bänken von Eis, im Mondenschein
Wäscht die See der ertrunkenen Schiffer Gebein.

Dort war das Schiff; – eine Flamme, blau
Und zitternd, flackert um Mast und Tau,
Die ihr Licht auf so fahle Gesellen wirft,
Als je nur den Thau des Kirchhofs geschlürft.

Nach der Todteninsel saus't sein Kiel!
Nach der Todteninsel! dort ist sein Ziel!
Skelette reffen die Segel gewandt,
Nicht von dieser Welt ist am Steuer die Hand.

O, sause vorüber! o, segle schnell,
Du schreckliches Schiff! bald wird es hell!
Verbirg dich dem Morgen! sein Rosenschimmer,
Erblickt' er dich noch, würde blaß für immer!

Carl Morgenstern, *Capri bei Sonnenaufgang*, 1836

HERMAN MELVILLE

Die Inseln der Glückseligkeit

(Aus *Rammon*)

Durch Stürme fährt man hin und ist von Stürmen frei.
Von ferne sieht die erste trostlos aus,
Von nahem jedoch grün; am Strande Wellen sanft sich brechen
Im Dunst des Regenbogentaus.

Landeinwärts aber, wo Schlummer die Hügel einwiegt
Und im tiefsten Traum des Himmels Verzückung eingibt –
Auf Bergen im Dunst, in matten und linden Lüften
Grüßen sanft wogende Palmen der Liebe Zypressenbaum
Tief unten im Tal, wo kieselige Bächlein so summen,
Daß in ihrem Liede Frohsinn und Sorge verstummen.

So manch eine Lichtung ist voller Schildfarn und Moos.
In Scharen liegen dort zahllose Menschen und träumen
Mit heiterem Herzen – doch ohne Bewußtsein bloß,
Während verebbende Wogen ringsum die Küste säumen.

SALVATORE QUASIMODO

Ein offener Bogen

Der Abend zersplittert in der Erde
mit dem Donnern des Rauchs, und die Nachtigall
besiegt das Du, spricht allein
das Schweigen. Die hohen dunklen Inseln
erdrücken das Meer, am Strand
tritt die Nacht in die Muscheln.
Und du mißt die Zukunft, den Anfang,
der nicht bleibt, teilst mit langsamem
Bruch die Summe der schon abwesenden Zeit.
Wie der Schaum sich an die Steine
klammert, verlierst du das Gefühl
für den unbeugsamen Lauf der Zerstörung.
Den Tod kennt nicht im Sterben
der verschwiegene Käuzchenruf, es versucht
ringsumher seine Liebesjagd, zieht weiter
einen offenen Bogen, enthüllt seine
Einsamkeit. Irgendeiner wird kommen.

RAINER MARIA RILKE

Die Insel

Nordsee

I

Die nächste Flut verwischt den Weg im Watt,
und alles wird auf allen Seiten gleich;
die kleine Insel draußen aber hat
die Augen zu; verwirrend kreist der Deich

um ihre Wohner, die in einen Schlaf
geboren werden, drin sie viele Welten
verwechseln, schweigend; denn sie reden selten,
und jeder Satz ist wie ein Epitaph

für etwas Angeschwemmtes, Unbekanntes,
das unerklärt zu ihnen kommt und bleibt.
Und so ist alles was ihr Blick beschreibt

von Kindheit an: nicht auf sie Angewandtes,
zu Großes, Rücksichtsloses, Hergesandtes,
das ihre Einsamkeit noch übertreibt.

II

Als läge er in einem Krater-Kreise
auf einem Mond: ist jeder Hof umdämmt,
und drin die Gärten sind auf gleiche Weise
gekleidet und wie Waisen gleich gekämmt

von jenem Sturm, der sie so rauh erzieht
und tagelang sie bange macht mit Toden.
Dann sitzt man in den Häusern drin und sieht
in schiefen Spiegeln was auf den Kommoden

Seltsames steht. Und einer von den Söhnen
tritt abends vor die Tür und zieht ein Tönen
aus der Harmonika wie Weinen weich;

so hörte ers in einem fremden Hafen –.
Und draußen formt sich eines von den Schafen
ganz groß, fast drohend, auf dem Außendeich.

III

Nah ist nur Innres; alles andre fern.
Und dieses Innere gedrängt und täglich
mit allem überfüllt und ganz unsäglich.
Die Insel ist wie ein zu kleiner Stern

welchen der Raum nicht merkt und stumm zerstört
in seinem unbewußten Furchtbarsein,
so daß er, unerhellt und überhört,
allein

damit dies alles doch ein Ende nehme
dunkel auf einer selbsterfundnen Bahn
versucht zu gehen, blindlings, nicht im Plan
der Wandelsterne, Sonnen und Systeme.

HILDE DOMIN

Inselmittag

Wir sind Fremde
von Insel
zu Insel.
Aber am Mittag, wenn uns das Meer
bis ins Bett steigt
und die Vergangenheit
wie Kielwasser
an unsern Fersen abläuft
und das tote Meerkraut am Strand
zu goldenen Bäumen wird,
dann hält uns kein Netz
der Erinnerung mehr,
wir gleiten
hinaus,
und die abgesteckten
Meerstraßen der Fischer
und die Tiefenkarten
gelten nicht
für uns.

GUST GILS

Insel jenseits der Sonne

die stadt des vollendeten südens
liegt auf einer insel.
die sonne kommt längst nicht mehr hin.

manchmal noch ein ahnen:
eines jener schiffe (in diesem fall
das morgenlicht) am horizont vorbeifahrend

ohne sich zu nähern.
nur kurz eine röte über der kimm
doch gleich versunken, wieder fort,

ein auge, das vergeblich
mühend sich zu öffnen versucht.

CZESŁAW MIŁOSZ

Insel

Denke von dieser Insel, wie du willst, ozeanisches Weiß, mit Wein bewachsene Grotten, unter den Veilchen Quellen.

Ich schaudere, denn ich kann mich meiner dort kaum erinnern, weit, in einer von diesen mittelmeerischen

Zivilisationen, von denen man lange zu segeln hat durch das Dunkel und durch das Geknister des Icegebirges.

Hier zeigt der Finger im Kristall die Raine und Birnbäume, Halfter und Trage, und dann glaube ich, ja, dort habe ich einst, in den Bräuchen wohlunterrichtet, gelebt.

Ich verhülle den Kopf mit dem Mantel, lausche der Flut, schwanke und lamentiere ob meiner Dummheit, obwohl ich, wäre ich klug, auch dann nicht imstande wäre, jemandes Schicksal zu ändern.

Ob meiner Dummheit damals und später und jetzt, für die ich so sehr Vergebung mir wünsche.

Berkeley, 1967

LAVINIA GREENLAW

Vaerøy

Der Mann, der eine Karte der Inseln filmt, schaut
nicht auf,
als wir zwischen ihnen herumsegeln. Hunderte.
All die schmalen Hand- und Fußknochen.

Was ist das für ein Gott, wir segeln seit Stunden,
und kommen nicht weiter als bis zu seinen
Fingerspitzen?
Warum auf diesem gebrochenen Knöchel landen,

wo ein Berg die Sonne teilt?
Nachts, tagsüber, schreite ich den Weg ab,
gehe, schaue, sitze und schaue

zu den fernsten Inseln, die die Ebene vergrößern.
Ihre Klippen scheren Licht ab, sie scheinen zu
schwimmen.
Die Erde krümmt sich so, dass meine Augen
schmerzen.

MAX DAUTHENDEY

Aber die Inseln ...

Dort über der kleinen freien Klippenanhöhe leuchteten die Sterne, jeder einzelne so groß über dem Meer, als wären sie nah wie winzige Monde. Es war, als stünden dort am dunklen Weltraum tausend zuckende Leuchttürme, deren weiße Feuer auf und nieder blinkten.

Ich spürte kaum die Eiskälte der Nacht. Ich erinnere mich, daß ich erstaunt war, als ich mich mit der Hand an den eisernen Turm stützte und derselbe kalt war. Das mächtige erhabene Gefühl, das vor den großen

Himmelslichtern über dem lautlosen gefrorenen Meer in mir anschwoll, war wie eine unergründliche Wärmewelle. Die schien aus einer Sonne zu kommen, die ich nicht sah, und war in mich gedrungen, und ich fühlte mich körperlich verschmolzen mit Stein und Sternen und mit ihnen unzertrennbar zusammengehörig.

Gedanken meiner neuen Weltanschauung, die ich vorher nur in meinem Gehirn wie aufklärendes Sonnenlicht empfunden hatte, waren jetzt zum erstenmal hier in der ungeheuren Einfachheit und Größe der Winternacht am Meer mit der Ahnung der ewigen Wärme, die sie geben konnten, auch in mein Blut eingedrungen. Ich fühle noch heute, wenn ich daran denke, die wohltuende warme Zufriedenheit, die jene Nachtlandschaft im Eis und beim Glanz der tausend großen Weltkörper meinem Herzen gab.

Sonst, in Würzburg oder Berlin, war der Sternhimmel über den Häusern immer eine ferne fremde Nachtwelt gewesen. Die war scheinbar edler und reiner als die Tagwelt und hatte mich nur wehmütig sehnsüchtig stimmen können. Dort aber, in Schweden auf Smögen, fühlte ich jeden Stern so nah, als wäre er auf meinem Kopf gewachsen, und die Nacht hatte nichts Fernes und Fremdes mehr. Sie war mir zugehörig, wie mein Mantel am Leib es war, wie das kleine Küstenschiff, in dem ich nachher schlafen sollte. Sie war viel größer, als ich sie jemals gesehen hatte, die Sternennacht, und war dabei doch heimlich und gemütlich, wie sie nur denen wird, die nichts mehr hineingeheimnissen können oder wollen. Sie wurde zu einer vertraulichen Stube, in der ich seit ewigen Zeiten zu Hause war.

Es war mir aber auch zugleich, als könnte ich am Fuße jenes Leuchtturms, von der Klippenanhöhe über den fernen todstillen Meerrand fort, hinter die Meerlinie sehen, und da lagen in der Nacht in Deutschland helle große Städte. Und dort in abendbeleuchteten Straßen kreiselten die Lichter der Wagen und Fenster und Gedanken. Und jede Stadt war ein Lichterhaufen auf der dunklen Landkarte Deutschlands, und der größte Lichterhaufen war Berlin. Und wie kleine Phosphorpunkte sah ich dort denkende Menschen durcheinanderrennen. Da waren Dichter und Maler und Musiker. Das Echo ihrer Worte war noch fern über dem Meere wach. Aber alles, was die Menschen dort in den Lichterhaufen ausgrübelten und was sie mit Licht im Hirn zusammentrugen, schien mir nicht so gütig, nicht so freundlich und einfach festlich zu sein wie die reine kluge Luft in diesem reinen guten Frieden auf der kleinen schwedischen Fischerklippe.

Ich dachte mir: wenn der Morgen kommt, wirst du auch in Schweden am Land in einem alltäglichen Pfarrhaus, im Spinnwebenalltag, von neuem die Erhabenheit dieser Nacht einbüßen und den Eindruck vielleicht nicht einmal mehr erinnern.

Am nächsten Morgen, als ich schon ziemlich zeitig auf Deck kam, erstaunte es mich, daß das hohle Tuten der Sirenenpfeife des Schiffes, die nur im Nebel Stimme bekam, scheinbar von vielen Schiffen rundum beantwortet wurde. Das Meer war mit dickem Nebel bepackt, und das gellende Geheul der Dampfpfeife schien mir ähnlich dem Gebrüll mächtiger sagenhafter Nebelkühe. Und als ob ein Leitstier im Dunkeln brüllte und rundum die Kuhherde antwortete, so wurde die Dampferstimme vielfach im Nebel wiederholt.

Nachdem ich lange diesem Gebrüll gelauscht hatte, wichen die Nebelberge, und dunkle Felsenumrisse standen da. Unzählige, aus dem Meer gewachsene Inseln schienen wie eine große Stadt zu sein, wie viele Häuserblocks. Und das Meer ging zwischen den steingewölbten Inselklippen in sich kreuzenden Wasserstraßen hin. Und der kleine fortschleichende Dampfer schien stillzustehen. Aber die Inseln und die dämmerigen Gassen zwischen den Felsenwänden der Inseln schienen zu wandern. Und die schmalen Seewege wurden immer ähnlicher den Gassen einer großen Stadt, immer dunkler. Zuletzt waren wir tief in die Stadt aus Inselklippen eingedrungen und hatten nur über uns, wie in richtigen Straßen, einen schmalen Streifen Himmel, und unsere Stimmen hallten wie aus großen Gewölben von den kahlen Inselwänden zurück.

Władysław Ślewiński, *Meeresbrandung bei Belle-Ile*, 1904

»Zusammen und jeder für sich«

Das Lebensmeer

TORQUATO TASSO

Schiff auf dem Meer

Schiff auf dem Meer – dem Leuchtfeuer im Turme,
das dort, befestigt, in sich selber kreist
und immer eine andre Richtung weist,
gleicht mein Gedanke; stets im selben Bogen
kommt er, ein flüchtger Vogel, angeflogen:
das Dauernde in mir dünkt mich ein Schein,
das Schweifen eines Irrsterns nur zu sein.

HENRY WADSWORTH LONGFELLOW

Das Rauschen des Meeres

Um Mitternacht vom Schlaf' fuhr auf das Meer,
Und auf der stein'gen Küste weiten Gängen
Die erste Flutenwoge hörte ich drängen,
Ununterbrochen rauschend, dumpf und schwer;

Ein Ton der Oceanstille rings umher,
Ein Klang, vermehrt zu tausend Räthselklängen,
Wie Katarakte, die die Felsen sprengen,
Wie auf dem Waldeshang' der Stürme Heer.
So kommt oft von des Daseins öden Hallen,
Von dieses Lebens unbekannten Schranken
Zu uns das Rauschen uns're Seelenflut;
Eingebungen, die wir für eig'ne halten,
Sind Gottesahnung himmlischer Gedanken
Die der Vernunft im All verborgen ruht.

Heinrich Reinhold, *Meeresküste am Kap Orlando in Sizilien*, um 1820/21

PETER HILLE

An die Zeit

Sei mir gegrüßt, o Zeit,
Gegrüßt, du fließendes Meer,
Sei gegrüßt,
Du Meer der Zeit!

Ungestadet
Rollst du dahin,
Fällst erzene Woge,
Schnellst wie ein Pfeil
Hinein in der Zukunft
Nichtigen Raum.
Es rollten die Welten
Aus Schöpferhand
Ins endlose Blau,
Da kommst du geglitten
Von Fingern der Allmacht
Im Riesensturz,
Wogtest unter das Sonnen-,
Unter das Erdenheer.
Sausend vom Gottespuls,
Hobest dich stolz
Unter glänzenden Sphären
Und rolltest sie weiter,
Schwimmende Inseln,
Rollst sie noch jetzt.
Auf erster erobernder Welle
Trägst du die Welten,
Trägst du mich,

Trägst du mein Lied.
Auf deiner Wogen erster
Schwebt es dahin.
Höre das Lied
Und hebe mich,
Wenn sinken ich sollte
Auf Ruhmeswarte
Flutüberragendem Fels,
Hoch und fest
Ob Wogen und Schwinden.

Es kommt und schwindet
Steten Wechsels,
Jede Sekunde
Ein anderes Leben.
Sonnenkreise
Wandelt die Erde,
Mondumwandelt.
Verschlungen geregelte Bahnen
Rollt mit Kreisen um Kreise
Das funkelnde All,
Bis es vergeht,
Mit dem letzten Stäubchen verweht.
Und neue Welten,
Meer der Zeit,
Schaukelt die Woge:
Staub umwölkt die Marke,
Die eherne Marke,
Die Gott gesetzt.
Und wieder bildet
Und immer wieder
Die Gotteshand

Dem ewigen Auge
Vors unendliche Nichts
Das Spielzeug der Welt,
Kaum daß in kurzer Lücke
Erhabener Öde
Auf den Riesenspiegeln
Du dich weitergossen.
Und alle die Welten
Trägst du
auf atlantischem Rücken –
Und wirst nicht müd?

Wann, o wann
Schäumst du hinauf,
Verschäumest am Strande der Ruh?

ALFRED LICHTENSTEIN

Lied der Sehnsucht des Kuno Kohn

Die Falten des Meeres platzen wie Peitschen auf
meiner Haut.
Und die Sterne des Meeres reißen mich auf.

Von schreienden Wunden ist der Abend des Meeres
Einsamen.
Aber die Liebenden finden den guten verträumten
Tod …

Sei bald da, Schmerzäugige, das Meer tut so weh.
Sei bald da, Liebleidende, das Meer erschlägt mich so.

Deine Hände sind kühle Heilige. Hüll mich mit ihnen,
das Meer brennt auf mir.
Hilf doch! Hilf doch! ... Deck mich. Rette mich. Heil
mich, Freundin.

Mutter ... du –

ERNST STADLER

Trübe Stunde

Im sinkenden Abend, wenn die Fischer in den Meerhäfen ihre Kähne rüsten,
In der austreibenden Flut, die braunen Masten zitternd vor dem Wind –
Seele, wirfst du zitternd dich ins Segel, gierig nach entlegnen Küsten,
Dahin die Wunder deiner Nächte dir entglitten sind?

Oder bist du so wehrlos deiner Sterne Zwang verfallen,
Daß dich ein irrer Wille nur ins Ferne, Uferlose drängt –
Auf wilden Wassern schweifend, wenn die Stürme sich in deines Schiffes Rippen krallen,
Und Nacht und Wolke endlos graues Meer und grauen Himmel mengt?

Und wütest du im Dunkel gegen dein Geliebtes und
erwachst mit strömend tiefen Wunden,
Das Auge matt, dein Blut verbrannt und deiner Sehnsucht Schwingen leer,
Und siehst, mit stierem Blick, und unbewegt an deines
Schicksals Mast gebunden
Den Morgen glanzlos schauern überm Meer?

PAUL CELAN

Aus dem Meer

Wir haben begangen das Eine und Leise,
wir schossen hinab in die Tiefe,
aus der man der Ewigkeit Schaum spinnt –
Wir haben ihn nicht gesponnen,
wir hatten die Hände nicht frei.

Sie blieben verflochten zu Netzen –
von obenher zerren sie dran …
O messerumfunkelte Augen:
wir fingen den Schattenfisch, seht!

GABRIELA MISTRAL

An der Wiege · Meciendo

Das Meer seine tausend Wogen
wiegt, göttlich-erhaben.
Lauschend des zärtlichen Meeres Spiel,
wieg ich mein Kind.

Nächtlich schweifend der Wind
wiegt kornschwere Ähren.
Lauschend des zärtlichen Windes Spiel,
wieg ich mein Kind.

Gott Vater seine tausend Welten
wiegt, lautlos-erhaben.
Seine Hand im Schatten ich spür',
wieg ich mein Kind.

OSKAR LOERKE

Lebensmeer

Zu zornig und zu alt an Jahren
Sind wir: deine Macht und du.
Wem schütteln wir die Fäuste zu,
Daß, wer uns gebar, nicht anders gebiert!
Wir sind zu weit hinausgefahren,
Wir Abschaum, auch du, der uns regiert.

Wir sind nun alle das Eine, das Meer:
Die Flut, du selbst und wir, das Heer.

Wir tanzen. Dennoch, dich und die Flotte
Zeichnet der gleiche Gewitterstrahl,
Ein Einarm bist du, Admiral:
Dem Ruder befiehlst du, doch nicht dem Funken,
Bückst du dich auch nicht dem Wettergotte.
Es trinkt sich die See, schon röchelnd und trunken.
Und alle sind wir das Eine, das Meer:
Die Flut, du selbst und wir, dein Heer.

Du wolltest uns die Inseln finden
Voll ruhend unverbrochnem Recht.
Wir gieren ja nicht wie das Feindgeschlecht
Nach fleischigen Kröten und schnellen Hinden
Noch neuen Gärten Gethsemane.
– Getrost, die Inseln sind unser von je.
Verwehrt sie zu lang noch uns Irgendwer,
So stürzen sie in uns, das wütende Meer.

SAMUEL BECKETT

Ich bin der Sandstreifen der sich
zwischen dem Geschiebe und der Düne hinzieht
der Sommerregen regnet auf mein Leben
auf mich mein Leben das mich flieht mir folgt
und enden wird am Tag seines Beginns

teurer Augenblick ich sehe dich
in dem weichenden Nebelvorhang
wo ich nicht mehr die langen treibenden Schwellen
zu betreten brauche

und leben werde solange eine Tür
sich öffnet und wieder schließt

HERMANN HESSE

Bei Nacht

Nachts, wenn das Meer mich wiegt
Und bleicher Sternenglanz
Auf seinen weiten Wellen liegt,
Dann löse ich mich ganz
Von allem Tun und aller Liebe los
Und stehe still und atme bloß
Allein, allein vom Meer gewiegt,
Das still und kalt mit tausend Lichtern liegt.
Dann muß ich meiner Freunde denken
Und meinen Blick in ihre Blicke senken,
Und frage jeden still allein:
»Bist du noch mein?
Ist dir mein Leid ein Leid, mein Tod ein Tod?
Fühlst du von meiner Liebe, meiner Not
Nur einen Hauch, nur einen Widerhall?«

Und ruhig blickt und schweigt das Meer
Und lächelt: Nein.
Und nirgendwo kommt Gruß und Antwort her.

NELLY SACHS

Während ich hier warte
sehnt sich die Zeit draußen im Meer
aber wird immer wieder an ihrem Blauhaar
zurückgezogen
erreicht nicht Ewigkeit –
Noch keine Liebe zwischen den Planeten
aber geheime Übereinkunft zittert schon –

INGEBORG BACHMANN

Wenn einer fortgeht, muß er den Hut
mit den Muscheln, die er sommerüber
gesammelt hat, ins Meer werfen
und fahren mit wehendem Haar,
er muß den Tisch, den er seiner Liebe
deckte, ins Meer stürzen,
er muß den Rest des Weins,
der im Glas blieb, ins Meer schütten,

er muß den Fischen sein Brot geben
und einen Tropfen Blut ins Meer mischen,
er muß sein Messer gut in die Wellen treiben
und seinen Schuh versenken,
Herz, Anker und Kreuz,
und fahren mit wehendem Haar!
Dann wird er wiederkommen.
Wann?
Frag nicht.

JÁNOS PILINSZKY

Bevor

Von der Zukunft weiß ich nicht viel,
das jüngste Gericht aber sehe ich vor mir.
Jener Tag, jene Stunde
wird sein die Lobpreisung unsrer Nacktheit.

Niemand sucht den andern in der Menge.
Der Vater nimmt das Kreuz zurück,
wie einen Splitter,
und die Engel, die Tiere der Himmel
schlagen die letzte Seite der Welt auf.

Dann sagen wir: Ich liebe dich. Wir sagen:
Ich liebe dich sehr. Und im plötzlich entstandenen Gedränge
entfesselt unser Weinen noch einmal das Meer,
bevor wir uns an die Tafel setzten.

ELISABETH BORCHERS

An ein Kind

Wenn wir lange genug warten,
dann wird es kommen.
Heute noch, fragt das Kind.
Heut oder morgen. Ein Schiff,
mußt du wissen, braucht Zeit.
So weit und breit wie das Meer.
Dann bist du groß.
Dann steigen wir ein
und machen die Reise.
Zusammen. Wir beide.
Und jeder auf seine Weise.

IRIS MURDOCH

Segen aus dem Meer

Während ich da so lag, dem sanften Plätschern des Meeres lauschte und diese traurigen und seltsamen Gedanken dachte, hatten sich mehr und mehr Sterne versammelt, die die Grenzen der Milchstraße verschwimmen ließen und den ganzen Himmel füllten. Und weit, weit weg, irgendwo in diesem Meer von Gold, flitzten lautlos Sterne über den Himmel, fielen und fanden ihr Schicksal inmitten dieser Millionen und Abermillionen verschmelzender goldener Lichter. Und ein hauchdünner Vorhang nach dem anderen wurde unhörbar weggezogen, und ich sah Sterne hinter Sternen wie in den verzauberten Kinosälen meiner Jugend. Und ich schaute hinein in das weite, weiche Innere des Universums, das langsam und sacht sein Inneres nach außen kehrte. Ich schlief ein, und im Schlaf war mir, als hörte ich Gesang.

Ich erwachte und es dämmerte schon. Die Millionen und Abermillionen Sterne waren verschwunden, der Himmel war von einem milden, dunstigen, sehr lichten Blau, eine gewaltige, gleichförmige, alles überwölbende, kühle, gedämpfte Helle. Die Sonne war noch nicht aufgegangen. Die Felsen traten schon deutlich hervor, aber noch undefinierbar farblos. Das Meer war ganz ruhig, glänzend, grau, von keiner einzigen Welle gekräuselt und nur von einer hauchdünnen, blassen Linie am Horizont begrenzt. Es herrschte völlige Stille, aber eine greifbare Stille, als atme der Planet lautlos auf seinem Weg durchs All. Mir fiel ein, daß James tot war. Wer ist unsere erste Liebe? Ja wer?

Ich rappelte mich auf die Knie hoch und begann meine Decken und Kissen auszuschütteln, die naß waren vom Tau. Dann hörte ich plötzlich, und es klang seltsam und erschreckend in der vollkommenen Stille, ein Geräusch im Wasser, ein ziemlich lautes Klatschen, als tauche knapp unter den Felsen etwas an die Wasseroberfläche und würde gleich an Land kriechen. Als ich mich umdrehte und über den Felsrand beugte, empfand ich einen Augenblick nackte Angst. Und dann sah ich unter mir, so nahe am Felsen, daß ich sie fast berühren konnte, vier Robben schwimmen, die nassen Hundegesichter neugierig nach oben gereckt. Ich schaute auf ihre kaum einen Meter unter mir vorbeiziehenden spitzen Nasen, die tropfenden Schnurrbärte, die hellen, fragenden, runden Augen, die geschmeidige Anmut der glänzenden, nassen Rücken. Sie kurvten herum und spielten eine Weile, schluckten und gurgelten, und die ganze Zeit sahen sie zu mir hoch. Und wie ich ihrem Spiel zusah, hatte ich keinen Zweifel daran, daß sie wohlwollende Geschöpfe waren, gekommen, um mich zu besuchen und mich zu segnen.

Anhang

Verzeichnis der Autoren und Druckvorlagen

Mit einem Sternchen versehene Titel wurden von der Herausgeberin formuliert.

ANNA ACHMATOWA (1898–1966)

A. A.: Ein niedagewesener Herbst. Hrsg. von Edel Mirowa-Florin. Übers. von Sarah Kirsch und Rainer Kirsch. Düsseldorf: Brücken-Verlag, 1967. (Dt. von Rainer Kirsch.) – Mit Genehmigung von Rainer Kirsch, Berlin.

CYRUS ATABAY (1929–1996)

C. A.: Gedichte. Frankfurt a. M.: Insel Verlag, 1991. – © 1991 Insel Verlag, Frankfurt am Main und Leipzig.

ROSE AUSLÄNDER (1901–1988)

R. A.: Wieder ein Tag aus Glut und Wind. Gedichte 1980–1982. Frankfurt a. M.: S. Fischer, 1986. – © 1986 S. Fischer Verlag GmbH, Frankfurt am Main.

INGEBORG BACHMANN (1926–1973)

I. B.: Anrufung des Großen Bären. Gedichte. München/Zürich: Piper, 1983. – © 1983 Piper Verlag GmbH, München.

JOHN BANVILLE (geb. 1945)

J. B.: Die See. Roman. Übers. von Christa Schuenke. Köln: Kiepenheuer & Witsch, 2006. – © 2006 Verlag Kiepenheuer & Witsch, Köln.

CHARLES BAUDELAIRE (1821–1867)

Ch. B.: Les Fleurs du Mal / Die Blumen des Bösen. Frz./Dt. Übers. von Monika Fahrenbach-Wachendorff. Stuttgart: Reclam, 1980 [u. ö.]. (1)
Ch. B.: Prosadichtungen. Übers. von Walther Küchler. Heidelberg: Lambert Schneider, ^{3}1974. (2)

SAMUEL BECKETT (1906–1989)

S. B.: Gedichte. Übers. aus dem Engl. von Eva Hesse, aus dem Frz. von Elmar Tophoven. Wiesbaden: Limes Verlag, 1959. (Übers. von Elmar Tophoven.) – © 1959 by Limes Verlag, Wiesbaden und München; genehmigt durch die F. A. Herbig Verlagsbuchhandlung GmbH, München.

JOHANNES BOBROWSKI (1917–1965)

J. B.: Gesammelte Werke in sechs Bänden. Bd. 1. München: Deutsche Verlags-Anstalt, 1998. – © 1998 Deutsche Verlags-Anstalt, München, in der Verlagsgruppe Random House GmbH.

ELISABETH BORCHERS (geb. 1926)

E. B.: Wer lebt. Frankfurt a. M.: Suhrkamp, 1986. – © 1986 Suhrkamp Verlag, 1986.

BEN CAMI (1920–2004)

Noordzuid/Nordsüd. Gegenwartslyrik aus Flandern. Übers. von Maria Csollány. Gent: Poeziecentrum, 1993. – © 1993 P.E.N.-Zentrum Flandern, Gent.

PAUL CELAN (1920–1970)

P. C.: Von Schwelle zu Schwelle. Gedichte. Stuttgart: Deutsche Verlags-Anstalt, 1955. – © 1955 Deutsche Verlags-Anstalt, München, in der Verlagsgruppe Random House GmbH.

BLAISE CENDRARS (1887–1961)

B. C.: Poesie. Übers. von Jürgen Schroeder. Düsseldorf: Rauch, 1962. – © 1962 Karl Rauch Verlag, Düsseldorf.

ARTHUR HUGH CLOUGH (1819–1861)

Englisch Horn. Anthologie angelsächsischer Lyrik von den Anfängen bis zur Gegenwart. Übers. von Georg von der Vring. Köln/Berlin: Phaidon Verlag, 1953. – © für die Übersetzung Langewiesche-Brandt, Ebenhausen bei München.

THEODOR DÄUBLER (1876–1934)

Th. D.: Gedichte. Auswahl und Nachwort von Werner Helwig. Stuttgart: Reclam, 1965.

MAX DAUTHENDEY (1867–1918)

M. D.: Sieben Meere nahmen mich auf. Eingel. und hrsg. von Hermann Gerstner. München: Langen Müller, 1957.

HILDE DOMIN (1909–2006)

H. D.: Gesammelte Gedichte. Frankfurt a. M.: S. Fischer, 1987. – © 1987 S. Fischer Verlag GmbH, Frankfurt am Main.

MICHAEL DONHAUSER (geb. 1956)

M. D.: Ich habe lange nicht doch nur an dich gedacht. Basel / Weil am Rhein: Engeler, 2005. – © 2005 Urs Engeler Editor Basel / Weil am Rhein und Wien.

ANNETTE VON DROSTE-HÜLSHOFF (1797–1848)

A. v. D.-H.: Gedichte. Hrsg. von Bernd Kortländer. Stuttgart: Reclam, 2003.

MARIE VON EBNER-ESCHENBACH (1830–1916)

M. v. E.-E.: Parabeln und Märchen, Gedichte, Aphorismen, Prinzessin Leiladin, Hirzepinzchen, Erzählungen. Leipzig: Fikentscher, [o. J.].

JOHANNES EDFELT (1904–1997)

Schwedische Gedichte. Ausgew. und übers. von Nelly Sachs. Neuwied/Wiesbaden: Luchterhand, 1965.

JOSEPH VON EICHENDORFF (1788–1857)

J. v. E.: Werke. Hrsg. von Wolfdietrich Rasch. München: Hanser, 1966.

GERRIT ENGELKE (1890–1918)

G. E.: Das Gesamtwerk. Rhythmus des neuen Europa. Hrsg. von Hermann Blome. München: List Verlag, 1960.

FERDINAND FREILIGRATH (1810–1876)

F. F.: Gedichte. Auswahl und Nachwort von Dietrich Bode. Stuttgart: Reclam, 1964 [u. ö.].

PETER GAN (1894–1974)

P. G.: Die Holunderflöte. Gedichte. Zürich: Atlantis Verlag, 1965. – Mit Genehmigung von Gesine Möring, Hamburg.

GUST GILS (1924–2002)

Noordzuid/Nordsüd. Gegenwartslyrik aus Flandern. Übers. von Maria Csollány. Gent: Poeziecentrum, 1993. – © 1993 P.E.N.-Zentrum Flandern, Gent.

JOHANN WOLFGANG GOETHE (1749–1832)

J. W. G.: Gedichte. Hrsg. von Bernd Witte. Stuttgart: Reclam, 2001.

LAVINIA GREENLAW (geb. 1962)

L. G.: Minsk. Gedichte in zwei Sprachen. Engl./Dt. Übers. von Raphael Urweider. Köln: DuMont, 2006. – © 2006 DuMont Literatur und Kunst Verlag, Köln.

ANASTASIUS GRÜN (1808–1876)

Deutscher Musenalmanach für das Jahr 1834. Hrsg. von Adelbert von Chamisso und Gustav Schwab. Leipzig: Weidmann, 1833.

MIRIAM VAN HEE (geb. 1952)

Am Meer 26

Noordzuid/Nordsüd. Gegenwartslyrik aus Flandern. Übers. von Maria Csollány. Gent: Poeziecentrum, 1993. – © 1993 P.E.N.-Zentrum Flandern, Gent.

HEINRICH HEINE (1797–1856)

*Das Meer ist meine Seele (1) 27
Mein Liebchen, wir saßen beisammen (2) 79

H. H.: Reisebilder. Tl. 2: Die Nordsee. In: H. H.: Denn das Meer ist meine Seele. Reisebilder, Prosa und Dramen. Mit Anm. von Bernd Kortländer. Düsseldorf: Artemis & Winkler Verlag, 2003. (1)
H. H.: Sämtliche Gedichte. Hrsg. von Bernd Kortländer. Stuttgart: Reclam, 1997. (2)

HANS-JÜRGEN HEISE (geb. 1930)

Humoreske 82

H.-J. H.: Gedichte und Prosagedichte 1949–2001. Göttingen: Wallstein, 2002. – Mit Genehmigung von Hans-Jürgen Heise, Kiel.

MAX HERRMANN-NEISSE (1886–1941)

Bilder eines holländischen Bades 52

M. H.-N.: Lied der Einsamkeit. Gedichte von 1914–1941. Ausgew. und hrsg. von Friedrich Geiger. München: Langen/Müller, 1961. – © 1961 by LangenMüller in der F. A. Herbig Verlagsbuchhandlung GmbH, München.

HERMANN HESSE (1877–1962)

Meermittag 98
Bei Nacht 144

H. H.: Die Gedichte. Neu eingerichtet von Volker Michels. Frankfurt a. M.: Suhrkamp, 1992. – © 1953, 1992 Suhrkamp Verlag, Frankfurt am Main.

GEORG HEYM (1887–1912)

G. H.: Werke. Mit einer Auswahl von Entwürfen aus dem Nachlass, von Tagebuchaufzeichnungen und Briefen. Hrsg. von Gunter Martens. Stuttgart: Reclam, 2006.

PETER HILLE (1854–1904)

P. H.: Gesammelte Werke in sechs Bänden. Hrsg. von Friedrich Kienecker. Essen: Ludgerus Verlag, 1984.

ARNO HOLZ (1863–1929)

A. H.: Werke. Hrsg. von Wilhelm Emrich und Anita Holz. Bd. 5. Neuwied: Luchterhand, 1962.

JUAN RAMON JIMÉNEZ (1881–1958)

J. R. J.: Herz, stirb oder singe. Gedichte. Span./Dt. Übers. von Hans Leopold Davi. Zürich: Diogenes Verlag, 1958. – © 1977 Diogenes Verlag, Zürich.

HELMUT KÄUTNER (1908–1980)

H. K.: Wir machen Musik. 7 bekannte Tonfilmschlager. Berlin: Musikverlag Melodie, [o. J.]. – Mit Genehmigung des Nachlasses Helmut Käutner, Rechtsanwalt Günter Roer, Berlin, Nachlasspfleger.

MASCHA KALÉKO (1907–1975)

M. K.: Das lyrische Stenogrammheft. Kleines Lesebuch für Große. Hamburg: Rowohlt, 1956. – © 1956 Rowohlt Verlag, Reinbek bei Hamburg.

YASUNARI KAWABATA (1899–1972)

Y. K.: Handtellergeschichten. Ausgew. und übers. von Siegfried Schaarschmidt. München: Hanser, 1990. – © 1990 Carl Hanser Verlag, München.

GOTTFRIED KELLER (1813–1886)

G. K.: Gesammelte Werke. Bd. 1. Hrsg. von Hans Schumacher. München: Hanser, 1964.

JUSTINUS KERNER (1786–1862)

J. K.: Sämtliche poetische Werke in vier Bänden. Hrsg. von Josef Gaismaier. Bd. 1: Biographische Einleitung. Die lyrischen Gedichte. Leipzig: Hesse, 1905.

EDUARD VON KEYSERLING (1855–1918)

E. v. K.: Wellen. Göttingen: Steidl, 1998.

KLABUND (1890–1928)

K.: Chinesische Gedichte. Nachdichtungen. Zürich: Phaidon Verlag, 1958.

ELSE LASKER-SCHÜLER (1869–1945)

E. L.-Sch.: Gesammelte Werke. 3 Bde. Hrsg. von Friedhelm Kemp und Werner Kraft. Frankfurt a.M.: Suhrkamp, 1996. – © 1996 Suhrkamp Verlag, Frankfurt am Main.

MICHAIL LERMONTOW (1814–1841)

M. L.: Gedichte. Russ./Dt. Übers. von Kay Borowsky und Rudolf Pollach. Stuttgart: Reclam, 2000. (Dt. von Rudolf Pollach.)

ALFRED LICHTENSTEIN (1889–1914)

A. L.: Dichtungen. Hrsg. von Klaus Kanzog und Hartmut Vollmer. Zürich: Arche Verlag, 1989.

DETLEV VON LILIENCRON (1844–1909)

D. v. L.: Gedichte. Hrsg. von Günter Heintz. Stuttgart: Reclam, 1981 [u. ö.].

OSKAR LOERKE (1884–1941)

O. L.: Die Gedichte. Hrsg. von Peter Suhrkamp. Frankfurt a. M.: Suhrkamp, 1958. – © 1958 Suhrkamp Verlag, Frankfurt am Main.

HENRY WADSWORTH LONGFELLOW (1807–1882)

H. W. L.: Sämmtliche Poetische Werke in zwei Bänden. Bd. 2. Leipzig: Reclam, [o. J.].

THOMAS MANN (1875–1955)

Th. M.: Über mich selbst. Autobiographische Schriften. Frankfurt a. M.: S. Fischer, 1983. – © 1983 S. Fischer Verlag GmbH, Frankfurt am Main.

HERMAN MELVILLE (1819–1891)

H. M.: Wracks am Strande der Zeit. Amerik./Dt. Ausgew. und übers. von Ferdinand Schunck. Hrsg. von Roswitha Th. Hlawatsch und Horst G. Heiderhoff. Waldbrunn: Heiderhoff, 1984. – © für die Übersetzung 1984 Horst Heiderhoff Verlag, Würzburg.

CONRAD FERDINAND MEYER (1825–1898)

C. F. M.: Sämtliche Gedichte. Mit einem Nachwort von Sjaak Onderdelinden. Stuttgart: Reclam, 1978 [u. ö.].

CZESŁAW MIŁOSZ (1911–2004)

Cz. M.: Gedichte 1933–1981. In der Übers. von Karl Dedecius und Jeannine Łuczak-Wild. Frankfurt a. M.: Suhrkamp, 1982. (Übers. von Karl Dedecius.) – © 1982 Suhrkamp Verlag, München.

GABRIELA MISTRAL (1889–1957)

G. M.: Gedichte. Unter Mitwirkung von Heinz Müller und Gisela Pape hrsg. von Albert Theile. Darmstadt [u. a.]: Luchterhand, 1958. – © 1988 by the Estate of Gabriela Mistral. Mit freundlicher Genehmigung der Liepmann AG, Zürich.

THOMAS MOORE (1478–1535)

Ferdinand Freiligrath: Gedichte. Stuttgart: Cotta, 1891.

CHRISTIAN MORGENSTERN (1871–1914)

Ch. M.: Gesammelte Werke in einem Band. Hrsg. von Margareta Morgenstern. München/Zürich: Piper, 1965.

IRIS MURDOCH (1919–1999)

I. M.: Das Meer, das Meer. Roman. Übers. von Stefanie Schaffer-de Vries. Wien: Deuticke, 2000. –

HENRY PARLAND (1908–1930)

H. P.: (z. B. schreiben wie gerade jetzt) Gedichte. Schwed./Dt. Übers. von Wolfgang Butt. Stuttgart: Klett-Cotta, 1984.

FERNANDO PESSOA (1888–1935)

F. P.: Poesia – Poesie. Aus dem Portugies. übers. und hrsg. von Inés Koebel. Zürich: Ammann, 2005. –

JÁNOS PILINSZKY (1921–1981)

J. P.: Lautlos gegen die Vernichtung. Gedichte. Ungar./Dt. Hrsg. und übers. von Hans-Henning Paetzke. Zürich: Ammann, 1989. –

SALVATORE QUASIMODO (1901–1968)

S. Q.: Ein offener Bogen. Gedichte. Ital./Dt. Übers. von Gianni Selvani. München/Zürich: Piper, 1989. – © Arnoldo Mondadori Editore S.p.a., Milano.

RAINER MARIA RILKE (1875–1926)

R. M. R.: Gedichte. Auswahl und Nachwort von Dietrich Bode. Stuttgart: Reclam, 1997.

JOACHIM RINGELNATZ (1883–1934)

J. R.: Das Gesamtwerk in sieben Bänden. Hrsg. von Walter Pape. Gedichte 1. Berlin: Henssel, 1984. (1)
J. R.: Gedichte, Prosa, Bilder. Hrsg. von Frank Möbus und Friederike Schmidt-Möbus. Stuttgart: Reclam, 2005. (2, 3)

NELLY SACHS (1891–1970)

N. S.: Suche nach Lebenden. Die Gedichte. Hrsg. von Margaretha Holmqvist und Bengt Holmqvist. Frankfurt a. M.: Suhrkamp, 1971. – © 1965 Suhrkamp Verlag, Frankfurt am Main.

MAURICE SCÈVE (1501–1564)

Französische Gedichte aus neun Jahrhunderten. Übers. und hrsg. von Manfred Gsteiger. München: Winkler, [2]1977. – © 1977 Patmos Verlag GmbH & Co. KG / Artemis & Winkler Verlag, Düsseldorf.

ERNST STADLER (1883–1914)

E. S.: Der Aufbruch und andere Gedichte. Hrsg. von Heinz Rölleke. Stuttgart: Reclam, 1996.

ROBERT LOUIS STEVENSON (1850–1894)

R. L. S.: Die Schatzinsel. Die Entführung. Übers. von Richard Mummendey. Düsseldorf/Zürich: Artemis & Winkler, 1997. (Aus: Die Entführung.) – © 1997 Patmos Verlag GmbH & Co. KG / Artemis & Winkler Verlag, Düsseldorf.

THEODOR STORM (1817–1888)

Th. S.: Gedichte. Auswahl. Hrsg. von Gunter Grimm. Stuttgart: Reclam, 1978 [u. ö.].

TORQUATO TASSO (1544–1595)

Italienische Gedichte. Von Kaiser Friedrich II. bis Gabriele D'Annunzio. Ital./Dt. Deutsche Nachdichtung von Bruno Goetz. Zürich: Manesse, 1953. – © 1953 by Manesse Verlag, Zürich, in der Verlagsgruppe Random House GmbH, München.

ALFRED LORD TENNYSON (1809–1892)

Englisch Horn. Anthologie angelsächsischer Lyrik von den Anfängen bis zur Gegenwart. Übers. von Georg von der Vring. Köln/Berlin: Phaidon Verlag, 1953. – © für die Übersetzung Langewiesche-Brandt KG, Ebenhausen bei München.

DYLAN THOMAS (1914–1953)

D. Th.: Am frühen Morgen. Autobiographisches, Radio-Essays, Gedichte und Prosa. Übers. von Erich Fried. Heidelberg: Drei Brücken Verlag, 1957. – Mit Genehmigung von Kurt Groenewold, Hamburg.

LUDWIG UHLAND (1787–1862)

L. U.: Werke. Hrsg. von Hans-Rüdiger Schwab. Bd. 1. Frankfurt a. M.: Insel Verlag, 1981.

LOPE DE VEGA (1562–1635)

L. d. V.: Wir leben in zwei Zeiten. Lieder und Romanzen. Span./Dt. Hrsg. und übers. von Erwin Walter Palm. München: Piper, [2]1987.

GEORG VON DER VRING (1889–1968)

G. v. d. V.: Die Gedichte. Hrsg. von Christiane Peter und Kristian Wachinger. Ebenhausen: Langewiesche-Brandt, [2]1996. – © 1989 Langewiesche-Brandt KG, Ebenhausen bei München.

WILHELM HEINRICH WACKENRODER (1773–1798)

W. H. W.: Werke und Briefe. Heidelberg: Lambert Schneider, 1967.

MARCEL WAUTERS (1929–2005)

Noordzuid/Nordsüd. Gegenwartslyrik aus Flandern. Übers. von Maria Csollány. Gent: Poeziecentrum, 1993. – © 1993 P.E.N.-Zentrum Flandern, Gent.

KONRAD WEISS (1880–1940)

K. W.: Gedichte 1914–1939. Hrsg. von Friedhelm Kemp. München: Kösel, 1961. – Mit Genehmigung von Hildegard Krezdorn, Altheim bei Riedlingen.

WALT WHITMAN (1819–1892)

Englisch Horn. Anthologie angelsächsischer Lyrik von den Anfängen bis zur Gegenwart. Übers. von Georg von der Vring. Köln/ Berlin: Phaidon Verlag, 1953. – © für die Übersetzung Langewiesche-Brandt KG, Ebenhausen bei München.

VIRGINIA WOOLF (1882–1941)

V. W.: Die Wellen. Übers. von Maria Bosse-Sporleder. Frankfurt a. M.: S. Fischer, 1991. (Gesammelte Werke. Prosa, 8.) – © 1991 S. Fischer Verlag GmbH, Frankfurt am Main.

WILLIAM BUTLER YEATS (1865–1939)

W. B. Y.: Die Gedichte. Neu übers. von Marcel Beyer, Mirko Bonné, Gerhard Falkner, Norbert Hummelt, Christa Schuenke. München: Luchterhand, 2005. [Übers. von Mirko Bonné.] – © 2005 Luchterhand Literaturverlag, München, in der Verlagsgruppe Random House GmbH.

Abbildungsverzeichnis

Nachwort

»Wir leben ja doch alle auf dem Meeresgrund«,[1] bemerkt Christian Morgenstern zu Anfang des 20. Jahrhunderts. Auch wenn dies eine Tatsache ist – der größte Teil des Landes war einst Meeresboden –, so sind die meisten Menschen doch immer wieder überwältigt von dieser Vorstellung und dem damit einhergehenden Wissen, dass die Entstehung von Leben auf unserem Planeten aus dem Meer kommt, dort ihren Anfang nahm.

Unabhängig davon, ob wir das bestätigt durch die Naturwissenschaften wissen, nur glauben oder aber fühlen, haben Menschen die Begegnung mit dem Meer zu allen Zeiten als beeindruckend empfunden. So ist es auch nicht verwunderlich, dass das Meer seit jeher von Dichtern als Thema aufgegriffen wurde; sei es, um das (Kirchen-)Schiff des Glaubens zu inszenieren oder um mit ihm das menschliche Leben zu vergleichen (etwa in Homers *Odyssee* oder für unseren Sprachraum im Werk Goethes, der immer wieder auf den Topos von der Lebensfahrt des Menschen auf dem Weltmeere zu sprechen kam), oder sei es, um das Meer von Gefühlen, das der Mensch in sich trägt, an einem entsprechenden Ort im Außen gespiegelt zu wissen.

Dies zeigt sich auch in der Vielzahl von maritimen Metaphern in Alltagsredewendungen, die nicht nur in der deutschen Sprache landläufig geworden sind (z. B. sturmerprobt zu sein, etwas auf- oder abzutakeln,

1 Christian Morgenstern, *Gesammelte Werke in einem Band*, hrsg. von Margareta Morgenstern, München 1965, S. 369.

Schiffbruch zu erleiden, ein Wrack zu sein, den Hafen der Ehe anzusteuern, nach etwas zu fischen, etwas an Land zu ziehen oder von Eindrücken überflutet zu sein).

Die geheimnisvolle Tiefe des Meeres, seine Strömungen und Gezeiten wurden mangels wissenschaftlich fundierter Erkenntnisse vor Jahrhunderten freilich als rätselhaft und mysteriös empfunden. Die Küste war nicht Ort von Badefreuden, sondern symbolisierte als Grenze drohende ankommende Gefahr. Im 17. Jahrhundert treten angesichts der Fortschritte im Bereich der Meereskunde die großen Ängste vor dem ungeheueren Wasser in den Hintergrund und die Kräfte des Meeres werden positiver erlebt.

Dies zeigt sich auch in der Literatur: Zwar waren die Romantiker nicht die Entdecker des Meeres, für die Literatur aber doch die Ersten, die den Meeresstrand zum Ort einer Selbstentdeckung machten. Für mehr als ein halbes Jahrhundert legten sie neue Sichtweisen fest, die bis heute, vor allem im Trivialbereich, fortwirken: Ein Meer von Gefühlen, vor allem Sehnsucht und Angst, wird von der unendlichen Tiefe und Weite des Meeres gespiegelt.

Gleichzeitig bleibt freilich auch das seit der Antike geltende Bild des furchterregenden Meeres neben der Vorstellung von einem biblisch strafenden Sintflut-Gott bestehen. Das heißt, das romantisierende Bild der ewigen Beständigkeit des Meeres, das – wie im religiösen Sinne die menschliche Seele – dem historischen Wandel nicht unterworfen ist, wird begleitet vom Bild der unbezwingbaren Gewalt und Energie als einer fast dämonischen Macht, die seit Entstehung der

Welt ebenfalls keine Schwächung erlitten zu haben scheint.

Dieser dramatische Charakter kennzeichnet viele Gedichte des 19. Jahrhunderts, die realistisch an das Bild des Meeres als Spiegel der menschlichen Hoffnung und Angst anknüpfen – eine Entwicklung, die bis ins 21. Jahrhundert hinein alle Möglichkeiten der Meereswahrnehmung und Bildersprache ausschöpft. Dabei ist jedoch nicht zu vergessen, dass seit der einer individuellen Erfahrung dienenden Erschließung von Meer-, Strand- und Küstenleben (das erst gegen Ende des 18. Jahrhunderts beginnt) ebenso fundamentale naturwissenschaftliche Erkenntnisse wie auch soziale und psychische Entwicklungen ein neues Erleben des Meeres ermöglichen.

»Das Meer ist meine Seele«, schreibt Heinrich Heine. Auch wenn heute die biologische Herkunft der Spezies Mensch bewiesen ist, wenn wir zu wissen glauben, woher das Leben kommt, wissen wir nicht, woher die Seele kommt. Vielleicht ist sie ja tatsächlich der einzige Teil von uns, der sich an die alte Heimat Meer erinnert.

Dieses Grundgefühl ist – wie alle letzten Dinge, wie Liebe und Tod – nicht völlig erschöpfend oder auch nur überzeugend erklärbar, aber vielleicht gerade deshalb wie von jeher in immer neuen Varianten erzählbar, oder, frei nach Baudrillard: Mensch und Meer verändern sich, alles ist anders und doch bleibt alles gleich.

Gedichtüberschriften und -anfänge